マンガ

炎の伝道師

松本道子の奮戦記

実録

作画 ふじかわ あかり

光言社

二〇〇九年夏《ねんなつ》—
……
とぼ とぼ
ふう
…！
ぐっ！
ピンポーン
はーい！どなた？
*1世界基督教統一《せかいキリストきょうとういつ》神霊協会《しんれいきょうかい》の原里《はらさと》です。*2文鮮明《ムンソンミョン》先生《せんせい》をご存《ぞん》じですか
…は？
文先生《ムンせんせい》は、そのご生涯《しょうがい》を神様《かみさま》と全人類《ぜんじんるい》のために捧《ささ》げておられる
素晴《すば》らしい方《かた》です

かつて、どのような困難《こんなん》も
乗《の》り越《こ》え、神様《かみさま》の愛《あい》とみ言《ことば》を
伝《つた》えた人物《じんぶつ》がいました
その名《な》は松本道子《まつもとみちこ》
このマンガは
そんな炎《ほのお》の伝道師《でんどうし》
松本道子《まつもとみちこ》の
奮闘《ふんとう》を描《えが》いています

目次

＊印の説明は、各章の最後に記載しました。

第一章
真理を求めて

韓国《かんこく》
慶尚南道《キョンサンナムド》の
片田舎《かたいなか》
一九二〇年代《ねんだい》

正道《チョンド》教会《きょうかい》に行《い》きますよ
ハーイ！私《わたし》も行《い》くっ
松本道子《まつもとみち》8
韓国名《かんこくめい》「曺正道《チョチョンド》」
母《はは》は熱心《ねっしん》なクリスチャン
友人《ゆうじん》の死《し》をきっかけにノイローゼになり信仰《しんこう》によって救《すく》われたのです
ちなみに正道《チョンド》という男《おとこ》っぽい名《な》は
父《ちち》が男子《だんし》を望《のぞ》んでいたため
日本人街《にっぽんじんがい》
菓子店
下《お》りる！
ぴょん
……あ……
……また……

ああ……
うっとり..
ドロップ
キャラメル
どんな味《あじ》
一度《いちど》でいいから
食《た》べてみたい……
*3
オモニ
お菓子《かし》
買《か》って~
……
……
……じゃあ
帰《かえ》りにね
ホントッ!?
……ああ
いい子《こ》に
してたらね
いい子《こ》に
してたら……
いい子《こ》に
してたら!
いい
子《こ》にっ!!

帰《かえ》り道《みち》
これがいい!!
こ……れ……
……
スタスタ
オモニお菓子《かし》……!!
……
スタスタ
あっ
わ～ん
オモニのうそつき～
うわ～ん
うそつき
わっ
うそつき
わ～ん
正道《チョンド》!!
今度《こんど》お金《かね》をつくって買《か》ってやるから……
貧《まず》しい農家《のうか》に生《う》まれた私《わたし》……
「お菓子《かし》を食《た》べたい」という最大《さいだい》の願《ねが》いを通《とお》して神様《かみさま》は私《わたし》を導《みちび》こうとされていました

一九二七年《ねん》 夏《なつ》
ミーン
ミーン
正道《チョンド》……
夏休《なつやす》みなのに
*4
お兄《にい》ちゃんは
帰《かえ》ってこないねえ
……
うん
日本《にっぽん》に留学《りゅうがく》している
お兄《にい》ちゃん……
どうしてる
のかなあ……
仕事《しごと》？
はい
息子《むすこ》さんは
それで忙《いそが》しくて
帰《かえ》ってこられ
ないんですよ
勉強《べんきょう》しに
行《い》ったのに
……
仕事《しごと》って
いったい
何《なに》を…
それは
卸《おろし》の
仕事《しごと》ですよ
お菓子《かし》の

お兄《にい》ちゃんが
ドキドキドキ…
ドキ…
お菓子《かし》の仕事《しごと》
ドキドキ…
なんだと!?
日本《にっぽん》へ行《い》きたいだって!?
正道《チョンド》!!
うん
お兄《にい》ちゃんのところへ行《い》く
十歳《さい》の女《おんな》の子《こ》が一人《ひとり》で日本《にっぽん》へ行《い》けるわけないだろう
そうですよキケンな
大丈夫《だいじょうぶ》よ
絶対《ぜったい》にダメだ!!
絶対《ぜったい》行《い》きますっ
ダメだっ!
行《い》くっ!!

ダメったら
ダメ
行《い》くったら
行《い》く
うわーんっ
行《い》くーっ
えーん えーん
正道《チョンド》
ごはん
食《た》べなさい
いらない
お兄《にい》ちゃんとこへ
行《い》く……
………
行《い》くう……
えんえーん えええ……
おに……
ちゃん……とこお……
おに…ちゃん
あなたっ
すごい熱《ねっ》よ
このままでは
この子《こ》は……
…仕方《しかた》ない
好《す》きにすればいい…
ニコッ

初《はじ》めての旅《たび》は
汽車《きしゃ》に揺《ゆ》られて三時間《じかん》——
釜山《プサン》
体《からだ》に気《き》をつけるんだよ
正道《チョンド》ー
はーい行《い》ってきまーす
おじょうちゃん一人《ひとり》でこわくないの？
ぜんぜん
だってお菓子《かし》……
じゃないお兄《にい》ちゃんが待《ま》っているから
こうして神様《かみさま》はお菓子《かし》をもって
私《わたし》を日本《にっぽん》へ導《みちび》いたのです

翌日《よくじつ》下関《しものせき》に到着《とうちゃく》
お兄《にい》ちゃん
一日《にち》かけて東京《とうきょう》へ
それから日本《にっぽん》に住《す》むことになったのです
おいし〜♪
お菓子《かし》を腹《はら》いっぱい食《た》べたら帰《かえ》ってくると思《おも》っていたのに…
甘《あま》かった…
そして七年後《ねんご》のクリスマスの日《ひ》私《わたし》は結婚《けっこん》…
世《よ》の中《なか》は不景気《ふけいき》だ生活力《せいかつりょく》のある男《おとこ》と一緒《いっしょ》になれ!!
まだ十七歳《さい》よ!
夢《ゆめ》だってあるのに
親代《おやが》わりの兄《あに》の言《い》うことには、逆《さか》らえなかったのです
結婚前《けっこんまえ》の私《わたし》
少女倶楽部
結婚後《けっこんご》
ズラ〜ッ
使用人《しようにん》を含《ふく》め十五人《にん》の大家族《だいかぞく》
若奥様《わかおくさま》
娘《むすめ》よ
よろしくたのむぞ

甘やかされて育《そだ》った私《わたし》は…
あなたごはんってどうやって炊《た》けば…
ガーン
うそだろっ!?
私《わたし》と夫《おっと》はことごとく正反対《せいはんたい》で
中華料理《ちゅうかりょうり》お肉《にく》が大好《だいす》き!♪
魚《さかな》で和食《わしょく》にしてくれ!!
夫《おっと》は半年間《はんとしかん》炊事《すいじ》をし
はじめチョロチョロ中《なか》パッパ
私《わたし》を教育《きょういく》するはめに…
お前《まえ》和服《わふく》はどうだ?
キライ!!
けんかが絶《た》えませんでした
それでも二十四歳《さい》までには三児《じ》の母《はは》になり!
あ~あ疲《つか》れたわあ…
オモニがいればグチを聞《き》いてくれたかなあ?
すでに他界《たかい》
ぐすん…
お母《かあ》さん本《ほん》を読《よ》んで
はいはい
「マッチはいりませんか」でも誰《だれ》もマッチを買《か》ってくれません
少女《しょうじょ》は寒《さむ》さのあまり
マッチをすりましたすると暖《あたた》かい暖炉《だんろ》があらわれ
二本目《ほんめ》をするとごちそうが

三本目《ぼんめ》のマッチをすると大《おお》きなツリーがあらわれ…
四本目《ほんめ》では…
亡《な》くなった*5お母《かあ》さんがあらわれて
マッチ売りの少
少女《しょうじょ》はあたたかな光《ひかり》につつまれて神様《かみさま》のもとへ
じわ…
かわいそうなマッチ売《う》りの少女《しょうじょ》
天国《てんごく》で幸《しあわ》せになれてよかったね
天国《てんごく》…？
天国《てんごく》って本当《ほんとう》にあるんだろうか!?
あるならオモニもそこに…？
信仰深《しんこうぶか》い人《ひと》だったし…
だったら……
マッチ売《う》りの少女《しょうじょ》みたいにたずねて来《き》て!!
私《わたし》のところに！
オモニ!!
ぎゅっ
あ〜ん あ〜ん

ただいま～
どうした？電気《でんき》もつけず……
泣《な》いてるのか？
何《なに》があった!!
なにっ～!?
お母《かあ》さんに会《あ》いたいだと!?
おまけに霊界《れいかい》があるのかって？
ばかばかしい！
お前《まえ》は三人《にん》の子持《こも》ちだぞ
子供《こども》じみたことを言《い》うな！
子供《こども》じみててわるかったわね！
会《あ》いたいものは会《あ》いたいのよ！
いいかげんにしろっ!!
……もうあなたとは暮《く》らしていけないわっ
ダッ
道子《みちこ》!!

お兄《にい》ちゃんもういや!
またか道子《みちこ》!
お兄《にい》さん道子《みちこ》とはもう暮《く》らしていけません
わがままで子供《こども》で…
まあそう言《い》うな
幼《おさな》い時《とき》から両親《りょうしん》の元《もと》を離《はな》れたのをかわいそうに思《おも》って甘《あま》やかしてきた俺《おれ》も悪《わる》かった…
子供《こども》をもらったと思《おも》って育《そだ》ててくれないか!?
……お兄《にい》さん
……
私《わたし》たちのケンカはいつもこうして
帰《かえ》りに好《す》きなもの買《か》ってやるよ
うん…
幕《まく》を閉《と》じていました
一九四一年《ねん》太平洋戦争勃発《たいへいようせんそうぼっぱつ》
道子《みちこ》すまんが、父《とう》さんと母《かあ》さんを連《つ》れて先《さき》に韓国《かんこく》に帰《かえ》るごめんよ
道子《みちこ》さん
お気《き》をつけて!!
これが夫《おっと》とのこの世《よ》での別《わか》れになるとは……

ウーウー
空襲警報発令《くうしゅうけいほうはつれい》
ああ……神様《かみさま》……
どうして人《ひと》と人《ひと》が殺《ころ》し合《あ》うのでしょうか
この子《こ》たちをお守《まも》りください
神様《かみさま》!!
神様《かみさま》! お助《たす》けください!
無駄《むだ》よ
……!
神様《かみさま》なんているもんですか 見《み》たことないでしょう?
人間《にんげん》は猿《さる》から進化《しんか》したのよ 死《し》ねば土《つち》に還《かえ》るわ
神様《かみさま》なんて人間《にんげん》がつくったのよ
そう…なの…?
だったら神様《かみさま》を信《しん》じてきた母《はは》の生《い》き方《かた》は間違《まちが》い…?
主《しゅ》よ来《き》たりませ…
それでは悲《かな》しすぎる!!

一九四五年《ねん》 終戦《しゅうせん》
松本《まつもと》さーん 電報《でんぽう》ーでーす
はーい
パラチフスニテ シス
あのひとが
バカヤロウ!! 半人前《はんにんまえ》の嫁《よめ》を置《お》いて死《し》ぬなんて!
これから どうしよう……
実感《じっかん》がわかない
ようやく実感《じっかん》が わいたのは
記日
夫《おっと》の遺品《いひん》の中《なか》に 私《わたし》のことばかりがつづられている 日記《にっき》を見《み》つけてからでした
子供《こども》たちのために 働《はたら》かなければ!
ラ化粧品
う〜ん 在日《ざいにち》コリアン かぁ…
……!!
課長《かちょう》! 松本《まつもと》さんは クリスチャンで とてもいい人《ひと》です
私《わたし》たちが 保証人《ほしょうにん》に なります
まあ 君《きみ》たちが そう言《い》うなら…
よかった わね!

今《いま》に見《み》ておれ
オモイ……
こうして神様《かみさま》は
私《わたし》を＊6成約《せいやく》時代《じだい》の
ごめんください
ドキドキ
けっこうよ
最初《さいしょ》の開拓者《かいたくしゃ》にするために
おきれいですわ〜
今月の目標
清水
佐藤
松本
田中
主《しゅ》よ!!
訓練《くんれん》されたのです
四年後《ねんご》
今月の目標
清水
佐藤
松本
おめでとう
君《きみ》は一流《いちりゅう》のセールスマンだ
神様《かみさま》！
やりました
か……み……
松本《まつもと》くん!!
道子《みちこ》さん

肺《はい》とろく膜《まく》が悪《わる》いですね
六か月《げつ》の入院《にゅういん》が必要《ひつよう》です
ええ!?
ベッドが空《あ》くまで自宅療養《じたくりょうよう》してください
あと退院後《たいいんご》三年間《ねんかん》は楽《らく》にして重《おも》い物《もの》を持《も》ったりしないようにね
三年《ねん》も!?
その間《あいだ》、誰《だれ》が私《わたし》を食《た》べさせてくれるというの!?
お母《かあ》さん
……!?
ぐあいはどう?
……! また、あんた来《き》たの?

お前《まえ》たちに うつらないように 兄《にい》さんの家《いえ》の離《はな》れを 借《か》りたのに…
母《かあ》さんに会《あ》いに 来《く》るくらいなら いい人《ひと》を見《み》つけて 早《はや》くお嫁《よめ》に 行《い》きなさい
……!
お母《かあ》さんの バカ!!
……
ごめんね…
…
……
!!

私《わたし》…
死《し》ぬの⁉
死《し》んだら
きっと地獄《じごく》
行《い》きだ！
あること
ないこと言《い》って
お金《かね》を
もうけてきた
神様《かみさま》のために
何《なに》もせず…
自分《じぶん》のために
食《た》べて生《い》きてきた
給料
くずだ
私《わたし》は…
神様《かみさま》！
どこにいるんですか？
もし私《わたし》を
治《なお》して
くださったら
神学校《しんがっこう》へ
行《い》ってでも
神様《かみさま》のことが
知《し》りたいのです‼

私《わたし》の病《やまい》と前後《ぜんご》して一九五九年《ねん》十月二日《がつふつか》には日本統一教会初《にっぽんとういつきょうかいはつ》の礼拝《れいはい》が
雄鶏舎《ゆうけいしゃ》（新宿区《しんじゅくく》戸塚町《とつかちょう》）で行《おこな》われました
義《ぎ》と神《かみ》の国《くに》を求《もと》めよ！
参加者《さんかしゃ》計《けい》四人《にん》
偶然《ぐうぜん》にもそこは文鮮明先生《ムンソンミョンせんせい》が日本留学時代《にっぽんりゅうがくじだい》に下宿《げしゅく》された
早稲田大学附属高等工学校《わせだだいがくふぞくこうとうこうがっこう》
早稲田通《わせだどお》り
三橋家《みつはしけ》
雄鶏舎《ゆうけいしゃ》
高田馬場
明治通《めいじどお》り
山手線《やまのてせん》
統和社《とうわしゃ》
大久保
新大久保
道子《みちこ》が通《かよ》った韓国人教会《かんこくじんきょうかい》
三橋家《みつはしけ》から徒歩五分《とほふん》の距離《きょり》でした
日本《にっぽん》を愛《あい》され精誠《せいせい》を尽《つ》くされた文先生《ムンせんせい》は当時《とうじ》のことを振《ふ》り返《かえ》られ
そこにある角道《かどみち》
そこにある電信柱《でんしんばしら》
そういう君《きみ》たちの記憶《きおく》に慣《な》れている所《ところ》には
先生《せんせい》の涙《なみだ》があることを思《おも》っても、それは間違《まちが》いないでしょう
と語《かた》られました
そして一九六〇年《ねん》四月《がつ》集会所《しゅうかいじょ》は統和社《とうわしゃ》（新宿区百人町《しんじゅくくひゃくにんちょう》）に移《うつ》され
統和社
そこで私《わたし》、松本道子《まつもとみちこ》は伝道《でんどう》されることになったのです

プロローグ、第一章　註　（ ）内はページ数

＊1　**世界基督《キリスト》教統一神霊協会**　一九五四年五月一日、韓国ソウルで創立。神のもとの人類一家族世界の実現を目指し、その教えは世界一九二か国に広まっています。略称、統一教会。(2)

＊2　**文鮮明《ムンソンミョン》先生**　世界基督教統一神霊協会の創始者。一九二〇年、朝鮮半島の平安北道（現在の北朝鮮）生まれ。十六歳（数え）のときに祈りの中で神の召命を受けます。真理の体系である「統一原理」を解き明かし、以来、ために生きる真の愛の実践を通して、人類救済と世界平和実現のために尽力しています。(2)

＊3　**オモニ**　韓国語で「お母さん」の意。(8)

＊4　**お兄ちゃん**　松本道子さんの兄、大山高誉《たかえ》さん。後に統一教会に入教して教会の発展に大きく貢献しました。(10)

＊5　**お母さん**　「マッチ売りの少女」の物語では「おばあさん」ですが、一九七〇年に松本さんが証しした内容をもとに、ここでは「お母さん」にしました。(16)

＊6　**成約時代**　「統一原理」では、旧約、新約時代の土台の上に、「約束が成る」成約時代が訪れると説きます。(21)

日本統一教会初の礼拝が行われた雄鶏舎（東京都新宿区）

第二章
神様は生きている

三日後《みっかご》に入院《にゅういん》ですね分《わ》かりました
道子《みちこ》どこへ行《い》くんだ
教会《きょうかい》よカギを返《かえ》しに
私《わたし》は通《かよ》っていた教会《きょうかい》の牧師先生《ぼくしせんせい》に信頼《しんらい》されて
会社
韓国人教会
カギの開《あ》け閉《し》めを任《まか》されていました
半年間《はんとしかん》の入院《にゅういん》…
はいですからもう…
松本《まつもと》さんあきらめてはいけません…
神様《かみさま》があなたのような人《ひと》を見捨《みす》てるはずがありません
牧師先生《ぼくしせんせい》…
そうだ！いい方《かた》を紹介《しょうかい》しましょう
は…？
新《あたら》しく来《こ》られた宣教師《せんきょうし》の＊7西川《にしかわ》さんです

宣教師《せんきょうし》…？
この人《ひと》が…
ジャンパーに
ヨレヨレのズボン…
ガリガリに
やせて…
顔《かお》には＊8はたけ
まである…
宣教師《せんきょうし》のイメージ
パリッ
はじめまして！
松本《まつもと》と
いいます
あなたは
神様《かみさま》がいると
思《おも》いますか？
神様《かみさま》は
生《い》きています
……
……!!

じゃあどこにいるんですか？
私《わたし》は神様《かみさま》を見《み》たことがありません！
私《わたし》は退院《たいいん》したら神学校《しんがっこう》に行《い》って神様《かみさま》の勉強《べんきょう》をするつもりです
そんな時間《じかん》はありませんよ
時間《じかん》がない…？
まあまあ松本《まつもと》さんまずは昼食《ちゅうしょく》でも…
西川先生《にしかわせんせい》に招待《しょうたい》されているんですよ
ぜひ松本《まつもと》さんもご一緒《いっしょ》に…
そうですか？
さっき時間《じかん》がないと言《い》われましたが…？
はい世《よ》の終《お》わりが来《く》るからなのです
ではイエス様《さま》が来《こ》られるのですね!?
でも何百年《なんびゃくねん》もあとなのでは？
松本《まつもと》さん聖書《せいしょ》には時《とき》のしるしを見分《みわ》けよと書《か》いてあります
今《いま》や道徳《どうとく》はすたれ人々《ひとびと》は戦争《せんそう》の準備《じゅんび》をしています

もしメシヤが核戦争《かくせんそう》のあとに来《き》たら
いったい誰《だれ》を救《すく》うのですか
再臨主《さいりんしゅ》は
来《く》るのです
たしかに
あなたの納得《なっとく》いくように話《はな》すことができます
ぜひ聖書原理《せいしょげんり》を聞《き》いてください!
素晴《すば》らしい人《ひと》を見《み》つけた!!
はい…
さあ、召《め》し上《あ》がれ 天《てん》から来《き》た *9マナです
わぁ
韓国《かんこく》の結婚式《けっこんしき》のものですね
実《じつ》はそれは一九六〇年《ねん》四月《がつ》十一日《にち》文鮮明《ムンソンミョン》先生《せんせい》ご夫妻《ふさい》のご聖婚式《せいこんしき》のものでした
私《わたし》は(新約《しんやく》)教会《きょうかい》のカギを返《かえ》して
すぐ成約《せいやく》の肉《にく》のマナを食《た》べ
霊《れい》のマナであるみ言《ことば》をすぐあとに食《た》べたことになります

翌日《よくじつ》
統和社
私《わたし》があまりイエス様《さま》の話《はなし》ばかりするので
イエス様《さま》が
イエス様《さま》が
西川先生《にしかわせんせい》は「メシヤの降臨《こうりん》とその再臨《さいりん》の目的《もくてき》」の講義《こうぎ》を始《はじ》めました
松本《まつもと》さんイエス様《さま》が十字架《じゅうじか》にかかるために来《こ》られたと思《おも》いますか？
は…あ
だってキリスト教会《きょうかい》ではそのように…
いいえ!!
十字架《じゅうじか》の贖罪《しょくざい》は本来《ほんらい》の神《かみ》のみ旨《むね》ではありませんでした
えっ？

イエス様《さま》は地上天国《ちじょうてんごく》を完成《かんせい》するために神様《かみさま》が送《おく》られたメシヤです…
しかしイスラエルの民《たみ》はイエス様《さま》をメシヤとして信《しん》じることができませんでした
洗礼《せんれい》ヨハネも自《みずか》らの使命《しめい》を果《は》たせなかったのです
イエス様《さま》は神様《かみさま》が人類《じんるい》を堕落前《だらくまえ》の本然《ほんぜん》の姿《すがた》
本来《ほんらい》の神《かみ》の子供《こども》に戻《もど》そうと送《おく》られた真《まこと》の父母《ふぼ》だったにもかかわらず
そのことを知《し》らずに…
十字架《じゅうじか》にかけてしまったのです!!
…!!

イエス様《さま》はゲッセマネの園《その》で祈《いの》られました
アバ父《ちち》よ!!
願《ねが》わくはこの苦杯《くはい》をとりのぞきたまえ!
聖書
四千年《せんねん》の歴史《れきし》を経《へ》てやって来《き》た私《わたし》が
使命《しめい》を全《まっと》うせずに
十字架《じゅうじか》の道《みち》を行《い》かなければならないのか!!
聖書
この人《ひと》は…まさか…
ぎゅっ
年《とし》も三十三歳《さい》くらいだし…
イエス様《さま》の生《う》まれ変《か》わり?
私《わたし》に昔《むかし》のうらみごとを言《い》っている…の?
ブルッ

あの……
すみませんが
質問《しつもん》があります
……!?
……
あなたは
誰《だれ》
ですか!?
……
私《わたし》が
誰《だれ》であるか…
祈《いの》ってみなさい!!
!!
何《なに》が
なんだか…
私《わたし》は逃《に》げたい思《おも》いで
帰途《きと》につきました

イエス様《さま》の十字架《じゅうじか》が神《かみ》の本来《ほんらい》の予定《よてい》ではない？
それはサタンです！
世《よ》の終《お》わりには天使《てんし》のごとく悪魔《あくま》がやって来《く》るのです
絶対《ぜったい》にそんな話《はなし》を聞《き》いてはいけません
サタンですか？
そうです
そうか…
サタンか…
サタン…!?
……
とてもそんなふうには…

でも牧師先生《ぼくしせんせい》の話《はなし》が正《ただ》しければ
神様《かみさま》の前《まえ》に大罪《たいざい》を犯《おか》すことに
・・・
いったいどちらが正《ただ》しいの
いったいどちらが
いったい…
原理《げんり》を聞《き》くしかない！
そして判断《はんだん》するしかない！
サタンならやっつけてやればいいんだ
創造原理
神様《かみさま》は人間《にんげん》を
神様《かみさま》の喜《よろこ》びの対象《たいしょう》として

また万物《ばんぶつ》を人間《にんげん》の喜《よろこ》びの対象《たいしょう》として創造《そうぞう》されました
ところが人間《にんげん》は堕落《だらく》して万物《ばんぶつ》より劣《おと》った存在《そんざい》となり
神様《かみさま》に喜《よろこ》びを捧《ささ》げることができなくなってしまったのです
……
神様《かみさま》、教《おし》えてください!!
西川先生《にしかわせんせい》の話《はなし》が本当《ほんとう》でしょうか?
それとも牧師先生《ぼくしせんせい》の話《はなし》が本当《ほんとう》でしょうか?
私《わたし》は苦《くる》しくてたまりません!
どうか私《わたし》を救《すく》ってください!
イエス様《さま》
神様《かみさま》
教《おし》えてください

…ぜよ…
信《しん》ぜよ！
信《しん》ぜよ！
バッ
誰《だれ》!?
キョロ
キョロ
シ〜〜ン
……

ガッ
…!!
ウジャ
ウジャ
この蛇《へび》を焼《や》いてしまえ!!
ニョロ
ニョロ
ニョロ

パァーーーッ
ゴオオーーッ
ああ…
あの人《ひと》が…
ありがとう
ございます

パチッ
夢《ゆめ》・・・!!
その夢《ゆめ》には深《ふか》い意味《いみ》があります
統和社
意味《いみ》?
はい それは堕落論《だらくろん》を聴《き》けば分《わ》かります
すぐ講義《こうぎ》を始《はじ》めましょう!
堕落論
取《と》って食《た》べてはならない
神《かみ》の戒《いまし》めを破《やぶ》り善悪《ぜんあく》を知《し》る木《き》の実《み》を取《と》って食《た》べてしまった

善悪《ぜんあく》の実《み》とはエバの愛《あい》を意味《いみ》し…
取《と》って食《た》べるとは愛《あい》の関係《かんけい》を結《むす》んだということ…
本来《ほんらい》なら神様《かみさま》を中心《ちゅうしん》として愛《あい》の関係《かんけい》を完成《かんせい》すべきであった人間始祖《にんげんしそ》アダムとエバが
蛇《へび》に比喩《ひゆ》された天使長《てんしちょう》の誘惑《ゆうわく》によって
不倫《ふりん》の愛《あい》の関係《かんけい》を結《むす》んでしまった
罪《つみ》の根本原因《こんぽんげんいん》は淫行《いんこう》…!!
サタンの血統下《けっとうか》に堕《お》ちてしまったのが…
原罪《げんざい》!!
…!!

「*10あなたがたは自分《じぶん》の父《ちち》、すなわち、悪魔《あくま》から出《で》てきた者《もの》であって、その父《ちち》の欲望《よくぼう》どおりを行《おこな》おうと思《おも》っている」
ああ…私《わたし》の中《なか》には
罪《つみ》の血《ち》が流《なが》れている！
罪《つみ》から生《う》まれた堕落性本性《だらくせいほんせい》…
嫌《いや》と言《い》うほど思《おも》い当《あ》たる！
嫉妬心《しっとしん》がある
猜疑心《さいぎしん》がある
人《ひと》を押《お》しのけて自分《じぶん》だけよくなろうとする思《おも》いがある
夫《おっと》がいたのに子供《こども》がいるのに
他《ほか》の男性《だんせい》が目《め》にちらつく
その人《ひと》が微妙《びみょう》な目《め》つきをすると
こちらも微妙《びみょう》な目《め》つきで合《あ》わせようとする

その人《ひと》に恋人《こいびと》があり
奥《おく》さんがいても
そんなことは
おかまいなく
奪《うば》おうとしてしまう
結婚《けっこん》したにも
かかわらず
一度《いちど》も夫《おっと》を
愛《あい》したことが
なかった
映画《えいが》を見《み》て小説《しょうせつ》を読《よ》んで
一度《いちど》あんな恋《こい》を
してみたいなどと
思《おも》っていた
「*11だれでも、情欲《じょうよく》を
いだいて女《おんな》を
見《み》る者《もの》は、
心《こころ》の中《なか》ですでに
姦淫《かんいん》をした
のである」
と聖書《せいしょ》に
書《か》いてある
夫以外《おっといがい》の男性《だんせい》を
心《こころ》に描《えが》いている
のだから
それ自体《じたい》
罪《つみ》だ!!

まさしく私《わたし》は
堕落《だらく》した人間始祖《にんげんしそ》
アダムとエバの
子孫《しそん》だ!!
くやしい!!
うわぁぁぁぁ
ドン
ドン
バン
バン
なげかわしい!!
ああ
天《てん》の神様《かみさま》
私《わたし》は天《てん》の
お父様《とうさま》と
呼《よ》ぶことも
できない者《もの》です
けれども
私《わたし》は
あなたの娘《むすめ》に
なりたいのです

私《わたし》は入院《にゅういん》もそっちのけで
最後《さいご》まで聴《き》かねば…
毎日《まいにち》出《で》かけていって
統和社
講義《こうぎ》を受《う》けました
繰《く》り返《かえ》し三回《かい》聴《き》いたら
あまりの感動《かんどう》と驚《おどろ》きで息《いき》もできないほどでした
その後《ご》私《わたし》は毎晩遅《まいばんおそ》くまでみ言《ことば》を聴《き》きに行《い》っていたことで
家族《かぞく》とケンカになり家《いえ》を出《で》ました
松本《まつもと》さん 神様《かみさま》を信《しん》じられない人《ひと》に科学的《かがくてき》、論理的《ろんりてき》に神様《かみさま》を教《おし》え清《きよ》い人《ひと》をたくさんつくり…
それで地獄《じごく》へ行《い》けと言《い》われたら喜《よろこ》んで行《い》こうじゃありませんか
そこがすなわち天国《てんごく》ですよ
……!!

そこが天国《てんごく》!!
本当《ほんとう》にそうだ
神様《かみさま》!
入院《にゅういん》するはずの六か月間《げっかん》を神様《かみさま》に捧《ささ》げます
伝道《でんどう》します!
もし私《わたし》が途中《とちゅう》で後《うし》ろを振《ふ》り向《む》くようなことがあれば地獄《じごく》の十二丁目《ちょうめ》まで行《い》かせてください!
私《わたし》は大変《たいへん》な祈《いの》りをして出発《しゅっぱつ》しまし
一九六〇年《ねん》八月《がつ》十六日《にち》明治神宮外苑《めいじじんぐうがいえん》で初《はつ》の四十日路傍伝道《にちろぼうでんどう》
ここはエデンの園《その》を象徴《しょうちょう》しています
あちこちで偽《いつわ》りの愛《あい》をささやいている男女《だんじょ》に
神様《かみさま》を証《あか》ししなさい
四十日間《にちかん》やれますか?
はい やります! お祈《いの》りしてください
天《てん》のお父様《とうさま》……

行《い》ってきます
神様《かみさま》助《たす》けてください!
ドキ
ドキ
イチャ
イチャ
お嬢《じょう》さん彼《かれ》はあなたを愛《あい》していませんよ
なんだよオバサン
彼《かれ》はもっと美人《びじん》が現《あらわ》れればそちらに行《い》ってしまうわよ
なんでそんなこと!?
偽《いつわ》りの愛《あい》によって生《う》まれた人間《にんげん》は
一人《ひとり》の人《ひと》を永遠《えいえん》に愛《あい》するのは難《むずか》しいからです
……
真《まこと》の愛《あい》の人間《にんげん》になる方法《ほうほう》があります
黒板《こくばん》の所《ところ》へいらっしゃい
あなたも神様《かみさま》を信《しん》じればもっとステキな恋人《こいびと》ができるかも
行《い》ってみる?
ぜひ聞《き》いてください

わら
わら
あ…れ
三回《かい》も講義《こうぎ》
聴《き》いたのに…
え〜と
ええいっ!!
シャッ
シャッ
神
人
万物
人間《にんげん》は本来《ほんらい》なら神《かみ》の子《こ》となって神《かみ》から無限《むげん》の
愛《あい》を受《う》けるようになっていました
しかし人間《にんげん》は堕落《だらく》したために忠犬《ちゅうけん》ハチ公《こう》より劣《おと》ってしまいました
ハチ公《こう》だって
忠犬《ちゅうけん》ハチ公《こう》の銅像《どうぞう》を建《た》てて犬《いぬ》をたたえることを見《み》ても
神
万物
人
人間《にんげん》の堕落《だらく》ははっきりしています

この堕落《だらく》した人間《にんげん》を救《すく》うために宗教《しゅうきょう》が生《う》まれたのです
悔《く》い改《あらた》めて神《かみ》に帰《かえ》らなければなりません
ああ…み言《ことば》を語《かた》ると人々《ひとびと》が幼子《おさなご》に見《み》えてくるわ…
そして三十日目《にちめ》には迫害《はくがい》も始《はじ》まりましたが
ここは日本《にっぽん》の神《かみ》がいるこんな所《ところ》でするな
私《わたし》は負《ま》けずに四十日間《にちかん》やり遂《と》げました
こうして私《わたし》は日本《にっぽん》での女性《じょせい》の初穂《はつほ》として立《た》たされ
伝道《でんどう》に生《い》きる生活《せいかつ》を始《はじ》めたのです

第二章　註　（　）内はページ数

＊7　**西川さん**　西川勝（韓国名・崔奉春《チェボンチュン》）宣教師。(28)

＊8　**はたけ**　顔に白く粉をふいたようにまだらができる皮膚病。(29)

＊9　**マナ**　旧約聖書「出エジプト記」に出てくる食物。荒野で飢えたイスラエル民族に神が与えました。(31)

＊10　**「あなたがたは自分の父……」**　ヨハネによる福音書八章四四節。(44)

＊11　**「だれでも、情欲をいだいて……」**　マタイによる福音書五章二八節。(45)

松本道子さんが統一原理の講義を受けた統和社（東京都新宿区）

第三章
聖別された群れ

その後《ご》は学生伝道《がくせいでんどう》を開始《かいし》
一九六〇年《ねん》九月六日《がつむいか》キリスト教学生会館《きょうがくせいかいかん》
休講《きゅうこう》!?
聖書入門講座
本日休講します
だらしないこと!!
まあ休講《きゅうこう》？
あなたも入門講座《にゅうもんこうざ》にいらしたんですか？
はい
ピン
ああ…探《さが》していた人《ひと》だ！
神様《かみさま》!!
どうか話《はなし》ができますように！
English Bible Class
英語《えいご》にしておこう
Then Jesus, Full at the Holy Sprit ………
どーも…
カタン…
見《み》ますか？
読《よ》めませんので
きょうはこれで終《お》わります
ガタ
ガタ
ガしっ

お嬢《じょう》さん 私《わたし》は伝道師《でんどうし》です
ぜひ 一緒《いっしょ》に 神様《かみさま》のお話《はなし》をしましょうよ！
お若《わか》いのに 偉《えら》いわね 遊《あそ》びにも 行《い》かずに
え…いえ
コーヒー おごりますよ
ねっ
は…はぁ
お嬢《じょう》さんの 人生《じんせい》の目的《もくてき》は 何《なん》ですか？
学問《がくもん》の 目的《もくてき》は？
そんなこと…
簡単《かんたん》に分《わ》かる ものじゃないと 思《おも》います
ところが それらの根本問題《こんぽんもんだい》を 解明《かいめい》してくれる先生《せんせい》が いらっしゃるんです
一度《いちど》お会《あ》いして みませんか？
……
じゃあ 一週間《しゅうかん》後《ご》なら
ホント？ 約束《やくそく》 ですよ！

一週間後《しゅうかんご》
待《ま》ち合《あ》わせは改札口《かいさつぐち》だけれど
待《ま》ちきれない
ダダダッ
お〜くぼ〜
ドキドキ
ああ!!
ぱあっ
お嬢《じょう》さん!!
がしっ
!!
よく来《き》てくださいましたね
は…はい
約束《やくそく》を守《まも》ってくれた最初《さいしょ》の人《ひと》!!
??
ありがと…
ありがと…

人間《にんげん》は誰《だれ》しも
宗教心《しゅうきょうしん》を持《も》ち
幸福《こうふく》を求《もと》め
真善美《しんぜんび》あふれる
理想郷《りそうきょう》を夢見《ゆめみ》て
きました
それはあたかも
故郷《こきょう》を離《はな》れた
旅人《たびびと》が
故郷《こきょう》を思《おも》い
懐《なつ》かしむ郷愁《きょうしゅう》の
ごとくに
人間《にんげん》一人《ひとり》一人《ひとり》の
中《なか》に流《なが》れる
神《かみ》の子《こ》としての
創造本性《そうぞうほんせい》
だったのです
!!
はら
はら…
神様《かみさま》が分《わ》かる
心《こころ》の美《うつく》しい人《ひと》
に出会《であ》えた…
そのお嬢《じょう》さん
*12小河原節子《おがわらせつこ》さんは
その後《ご》 一緒《いっしょ》に
伝道《でんどう》するまでに
なりました

そして
学生伝道《がくせいでんどう》も進《すす》み
一九六〇年大晦日《ねんおおみそか》
アパートを借《か》りて
共同生活《きょうどうせいかつ》をすることに
*13『原理解説《げんりかいせつ》』を三百冊《びゃくさつ》
作《つく》るから
ごはんを買《か》う
お金《かね》もない!!
原理解説
新年早々《しんねんそうそう》
断食《だんじき》ね
平気《へいき》です
みんなと一緒《いっしょ》に
いられるん
ですもの!!
そう
そう
除夜《じょや》の鐘《かね》
お祈《いの》り
しましょう
ゴ〜ン
ゴ〜ン
新年《しんねん》
ワハハハ
ウフフフ
その後《ご》
夜明《よあ》けまで
語《かた》り明《あ》かし
あけまして
おめでとう
ございます
よろしければ
これを…
アパートを
世話《せわ》してくれた
姜淳愛《カンスネ》さん
わっ〜
おぞうにだ〜
おいし
そう!

なんだ！神様《かみさま》は半日《はんにち》も私《わたし》たちをお見捨《みす》てにならないじゃないか
神様《かみさま》ありがとうございます
しかしその後《ご》の生活《せいかつ》はとても貧《まず》しく…
パンの耳
すぐカチカチになる麦ごはん
猫《ねこ》にやるから魚《さかな》のアラくださいな
いいよ
猫何匹《ねこなんびき》いるんだい？
鳥《とり》にやるので大根《だいこん》の葉《は》っぱください
はいはいたくさん飼《か》ってんだね
ごった煮〜
統一《とういつ》なべおいしいね〜
うんおいしい

そんな貧《まず》しい生活《せいかつ》の中《なか》でも
皆《みな》さん今日《きょう》は映画《えいが》に行《い》きましょう
やったー
わっー!
ある時《とき》は記録映画《きろくえいが》を見《み》て
神《かみ》を知《し》らない人間《にんげん》はこんなにおろかになるのね…
涙《なみだ》したりーー
またある時《とき》は勧善懲悪《かんぜんちょうあく》の映画《えいが》を見《み》て
正義《せいぎ》は勝《か》つ!!
なせば成《な》る!!
士気《しき》を高《たか》めたり
50円ハウス
さぁ好《す》きなものを食《た》べましょう
ぼくカレー!
私《わたし》おしるこ!
みんながんばりましょう!!
オーッ
やがて四月《がつ》…

いつまでもこんな生活《せいかつ》をしていては伝道《でんどう》がはかどらない
何《なに》かいい仕事《しごと》はないですか？
はっ
先生《せんせい》！廃品回収《はいひんかいしゅう》はどうですか？
＊14澤浦《さわうら》さんが以前《いぜん》に話《はな》していたのですが
廃品回収《はいひんかいしゅう》!?
それはいい!!
神様《かみさま》の摂理《せつり》は再創造《さいそうぞう》の摂理《せつり》だから我々人間《われわれにんげん》も新《あたら》しくつくり変《か》えられる
万物《ばんぶつ》もくずから新《あたら》しく再生《さいせい》される
ぜひやりましょう!!
そして毎日《まいにち》午前中《ごぜんちゅう》は
廃品回収《はいひんかいしゅう》をする生活《せいかつ》が
始《はじ》まりました

しきり場《ば》
あんたたちは八百円《ぴゃくえん》ずつだ
よくがんばったね
あんたは二千円《せんえん》！プロ以上《いじょう》の稼《かせ》ぎだよ
大《たい》したもんだ
ありがとうございます
三時間半《じかんはん》で一日分《にちぶん》稼《かせ》げた
地上天国実現《ちじょうてんごくじつげん》のため感謝《かんしゃ》してやっているからね
はい会計《かいけい》さん
そしてお昼《ひる》はおそば屋《や》さんへ
やきそば 三十五円
三十五円
五円
汗《あせ》を流《なが》したあとのソバはうまいな〜
最高《さいこう》ね〜
あー舌《した》にとろける甘《あま》い味《あじ》…
一杯《ぱい》で終《お》わりなんて残念《ざんねん》…
また甘党《あまとう》の人《ひと》は大福《だいふく》を三十五円分《えんぶん》食《た》べたりも
しあわせ〜

そして午後《ごご》はペアで街頭伝道《がいとうでんどう》へ
がんばりましょう
*15裕子《ゆうこ》さん
はい
ご通行中《つうこうちゅう》の皆《みな》さま!
有楽町駅
天来《てんらい》の声《こえ》に耳《みみ》を傾《かたむ》けてください!
私《わたし》は日本《にっぽん》を救《すく》うジャンヌ・ダルクです
滅《ほろ》びゆかんとする日本《にっぽん》を救《すく》うために心《こころ》を痛《いた》め
涙《なみだ》する良心家《りょうしんか》はいないのですか!
なにあの人《ひと》?
クスクス
よくやるよ
日本《にっぽん》に若《わか》い乙女《おとめ》の神様《かみさま》がやって来《き》た

夕方《ゆうがた》は
キリスト教会《きょうかい》の
集会《しゅうかい》に行《い》ったり
訪問伝道《ほうもんでんどう》をしたり
晩《ばん》ごはんは十時《じ》過《す》ぎ
その後《ご》十二時《じ》までは原理講義《げんりこうぎ》の演習《えんしゅう》をし!!
予定100%
(神) 95%
(人間) 5%
深夜《しんや》二時《じ》三時《じ》まで西川先生《にしかわせんせい》を囲《かこ》んでお楽《たの》しみの和動会《わどうかい》!!
西川先生《にしかわせんせい》天国《てんごく》が満員《まんいん》になったらどうするんですか？
大丈夫《だいじょうぶ》ですよ松本《まつもと》さん
天国《てんごく》ができたらお汁粉《しるこ》のお風呂《ふろ》に入《はい》りたいです
私《わたし》はお菓子《かし》の家《いえ》が欲《ほ》しいのできますか？
食べても すぐ出てくるの

できますよ
わっ！
理《り》想《そう》天《てん》国《ごく》！？
西川先生《にしかわせんせい》に
母親《ははおや》のように
愛《あい》された
私《わたし》たち
三時間《じかん》の睡眠《すいみん》でも
全《まった》く疲《つか》れず
日焼《ひや》けした顔《かお》に
目《め》をキラキラさせ
天国《てんごく》や信仰《しんこう》の話《はなし》をしながら歩《ある》く
私《わたし》たちはこの世《よ》から聖別《せいべつ》された
小《ちい》さな群《む》れでした

第三章　註　（ ）内はページ数

＊12　**小河原節子さん**　一九六九年、桜井設雄さん（日本統一教会第五代会長）と祝福結婚（文鮮明先生の主礼で行われる、神に祝福された結婚）しました。(57)

＊13　**『原理解説』**　当時の統一教会の教理解説書。韓国では一九五七年に発行され、日本語訳は一九六一年二月にタイプ版三百冊が発行されました。現在の教理解説書は『原理講論』。(58)

＊14　**澤浦さん**　澤浦秀夫さん。一九七〇年に祝福結婚。(61)

＊15　**裕子さん**　岩井裕子さん。一九六九年、神山威さん（日本統一教会第二代会長）と祝福結婚。(63)

廃品回収をして伝道資金に。左端が松本道子さん、後列右が西川勝宣教師

第四章
汗と涙の開拓伝道

西川先生《にしかわせんせい》に訓練《くんれん》された
私《わたし》たちはやがて
*16開拓伝道《かいたくでんどう》に出《で》ることに
大阪
京都
仙台
広島
私《わたし》は名古屋《なごや》！
一人《ひとり》で伝道費《でんどうひ》を稼《かせ》ぎ
一人《ひとり》で講義《こうぎ》をし
四十日間《にちかん》で三人《にん》を伝道《でんどう》し教会《きょうかい》の基盤《きばん》をつくる!!
先生《せんせい》!! 私《わたし》にできるでしょうか？ 万《まん》が一《いち》できない場合《ばあい》は!?
信仰《しんこう》と努力《どりょく》さえあれば絶対《ぜったい》できます
*17一粒《ひとつぶ》の麦《むぎ》が地《ち》に落《お》ちて死《し》なななければ
それはただ一粒《ひとつぶ》のままである
しかし、もし死《し》んだなら豊《ゆた》かに実《み》を結《むす》ぶようになる
名古屋《なごや》のためにすべてを捧《ささ》げよう!!
あなたの運命《うんめい》を決《けっ》する開拓《かいたく》ですから真剣《しんけん》にやってください
は…はい!!

一九六一年《ねん》七月《がつ》
かち～どき
いざ～たて～
聖歌《せいか》と
お祈《いの》り
ばんざいに送《おく》り出《だ》されて
バンザーイ
バンザーイ
ゴトン
松本《まつもと》さん体《からだ》に気《き》をつけて
ゴトン
行《い》ってきま～す
がんばって～!!
はーい
ありがとうございました
西川先生《にしかわせんせい》
ガタン
ゴトン

名古屋《なごや》はどんな所《ところ》だろう
私《わたし》に四十日間《にちかん》できるだろうか
次《つぎ》は〜名古屋《なごや》〜
ハッ…
名古屋《なごや》〜
着《つ》いた!!名古屋《なごや》だ!!
名古屋駅
一番高《いちばんたか》い所《ところ》は…
名古屋城《なごやじょう》!!

天《てん》のお父様《とうさま》!!
私《わたし》は必《かなら》ずやこの地《ち》で
あなたのために
働《はたら》く人《ひと》を探《さが》します
どんなにサタンが
大《おお》きな力《ちから》を持《も》って
迫《せま》ってきても
必《かなら》ず勝《か》って
みせます!
どうか天《てん》のお父様《とうさま》…
名古屋市民《なごやしみん》を
祝福《しゅくふく》し、私《わたし》に
力《ちから》を与《あた》えてください!
あなたが予定《よてい》した人《ひと》に
会《あ》わせてください!!
よし!!
名古屋《なごや》には
私《わたし》しかいない!!
ダダダッ
一刻《いっこく》の猶予《ゆうよ》も
ならない!!
一番《いちばん》にぎやかな
街《まち》は…
一人《ひとり》でやるんだ!!

ただ無形《むけい》なる神《かみ》を信《しん》じて…!!
キョロ
キョロ
物特価
売出し
教会《きょうかい》だ!!
トン
トン
こんにちはー
東京《とうきょう》から来《き》た伝道師《でんどうし》ですが一晩《ばん》泊《と》めていただけないでしょうか?
カチャ
あなたはうちの教団《きょうだん》の方《かた》?
いいえ違《ちが》いますけど
ではちょっと…
そんな!!同《おな》じ神様《かみさま》を信《しん》じている兄弟姉妹《きょうだいしまい》じゃないですか
バタン
あ…
庭《にわ》の隅《すみ》でもけっこうです
また夕方《ゆうがた》参《まい》りますから!!
神様《かみさま》!
この教会《きょうかい》に祝福《しゅくふく》と栄《さか》えを与《あた》えてください
さあ次《つぎ》の教会《きょうかい》を探《さが》そう!!

尼《あま》さん…
よし！
……
こんにちは
私《わたし》はキリスト教《きょう》の伝道師《でんどうし》です
宗教《しゅうきょう》は違《ちが》っても目的《もくてき》は同《おな》じ…
あなたはなぜ尼《あま》さんになったかお話《はなし》を聞《き》かせていただけませんか？
は…はあ…
神様《かみさま》の話《はなし》をするために食《た》べ物《もの》が仲保《ちゅうほ》の役割《やくわり》をしてくれます
相手《あいて》の話《はなし》を最後《さいご》まで聞《き》いてから自分《じぶん》の話《はなし》をしなさい
…………
だから
それで
どうした
ふう……
今《いま》だ!!
神様《かみさま》は…
アダムとエバが…
イエス様《さま》は…

またあした～
八百円《ひゃくえん》使《つか》っちゃった
残《のこ》りは二千《せん》二百円《ひゃくえん》…
西川先生《にしかわせんせい》がくれた千円《せんえん》と…
おこづかいです
娘《むすめ》がくれた二千円《せんえん》
お母《かあ》さん倒《たお》れないでしっかりやってね
本当《ほんとう》は五千円《せんえん》だけど姉妹《しまい》に三千円《ぜんえん》あげたから…
これがなくなる前《まえ》に何《なん》とか伝道《でんどう》しなければ
決《き》めた!!
朝《あさ》と昼《ひる》は水《みず》だけにしよう!!
一日中《いちにちじゅう》歩《ある》いたら
夜《よる》は次《つぎ》の日《ひ》の活力《かつりょく》を作《つく》るために
みそ汁付《しるつ》きで五十円《えん》のどんぶりごはんを食《た》べよう!!

これで四十日間《にちかん》やってみよう!!
すみませーん
今朝《けさ》伺《うかが》った伝道師《でんどうし》ですが
どうぞこちらでお休《やす》みになって
まあ!! ありがとうございます
牧師先生《ぼくしせんせい》にはお会《あ》いできますか?
いいえ
!
統一教会《とういつきょうかい》のことはよく知《し》っています
これ以上話《いじょうはな》す必要《ひつよう》はありません
今晩《こんばん》だけです
もう来《こ》ないでください
…はい…
この教会《きょうかい》が栄《さか》え神《かみ》のみ旨《むね》にかなった教会《きょうかい》であることができますように
そして早《はや》く統一原理《とういつげんり》を受《う》け入《い》れてくれますように…
翌朝早《よくあさはや》く感謝《かんしゃ》のお祈《いの》りをして教会《きょうかい》を出《で》ました

二日目《ふつかめ》は、九時《じ》から三時《じ》まで尼《あま》さんに講義《こうぎ》
うとうと
スーッ
かみくだいて話《はな》せないから
その後《ご》はお寺《てら》や教会《きょうかい》を回《まわ》り…
まあ東京《とうきょう》から？
ほう
感心《かんしん》ですな
ごくろうさん
誰《だれ》も話《はなし》を聞《き》いてくれない!!
なんで？
!?
真《ま》っ黒《くろ》な顔《かお》に
変《へん》なブラウス
変《へん》なスカート
こんなすごいおばさんスタイルじゃね

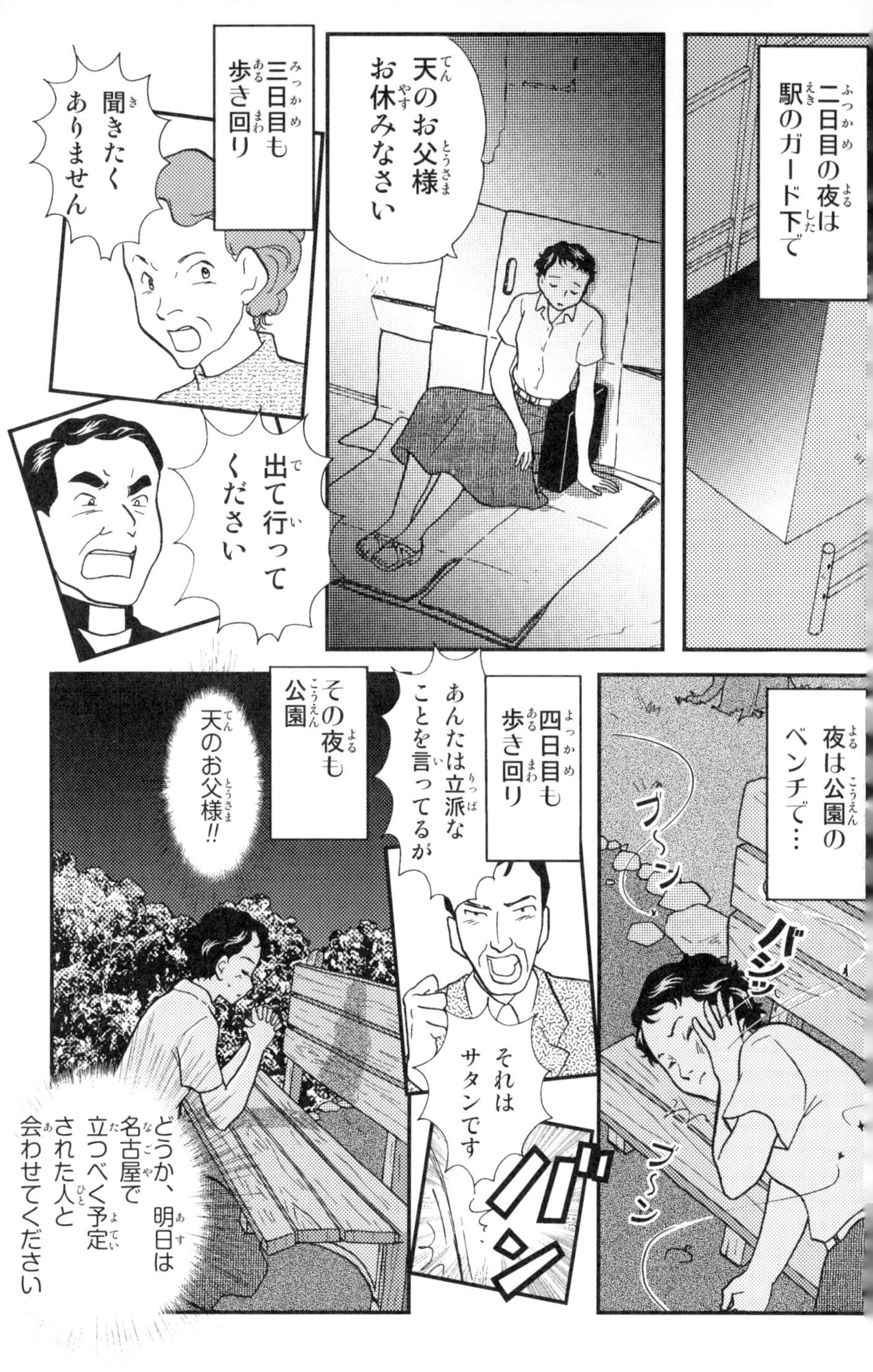
二日目《ふつかめ》の夜《よる》は駅《えき》のガード下《した》で
天《てん》のお父様《とうさま》お休《やす》みなさい
三日目《みっかめ》も歩《ある》き回《まわ》り
聞《き》きたくありません
出《で》て行《い》ってください
夜《よる》は公園《こうえん》のベンチで…
ブ〜ン
バシッ
ブ〜ン
四日目《よっかめ》も歩《ある》き回《まわ》り
あんたは立派《りっぱ》なことを言《い》ってるが
それはサタンです
バン
その夜《よる》も公園《こうえん》
天《てん》のお父様《とうさま》!!
どうか、明日《あす》は名古屋《なごや》で立《た》つべく予定《よてい》された人《ひと》と会《あ》わせてください

天《てん》のお父様《とうさま》!!
五日目《いつかめ》
あと三十五日《にち》しかない
ああ…あせる!
基督教會
お父様《とうさま》!!
お父様《とうさま》…
お父様《とうさま》!!
話《はな》し相手《あいて》は神様《かみさま》しかいませんでした
疲《つか》れた…眠《ねむ》い
足《あし》が棒《ぼう》のようだ…
いやいや!十二時《じ》までは歩《あゆ》むって決《き》めたんだ
もう一軒《けん》行《い》ってみよう
教会《きょうかい》…?
開《あ》いている

こんばんは～
誰《だれ》かいたら泊《と》めてもらって話《はなし》をしよう
みし
みし
…いない…
シーン
十二時《じ》ごろかなあ…
ふらっ
あ…
だめだもう眠《ねむ》くて…

天《てん》のお父様《とうさま》
明日《あす》牧師《ぼくし》先生《せんせい》に
み言《ことば》を語《かた》ることが
できますように
み言《ことば》を受《う》け入《い》れて
くれますように
ああ
久《ひさ》しぶりに
屋根《やね》の下《した》で
眠《ねむ》れるわ
お父様《とうさま》…
ありがとう…
ございます…
しく…
しく… しく…
しく しく…
…しく… しく…
…誰《だれ》!?

…せ
…ませ…
主《しゅ》よ来《き》たりませ!!
しくしく
!
韓国語《かんこくご》だ!!
あなたの約束《やくそく》の日《ひ》が近《ちか》づいてまいりました
どうか一日《いちにち》も早《はや》く来《き》て
この世《よ》を救《すく》ってください
主《しゅ》よ!!
その祈《いの》りは聞《き》かれますよ!
ええっ!?
おばあさんあなたが求《もと》めている主《しゅ》は
もうあなたのすぐ近《ちか》くにいます

本当《ほんとう》ですか？
あなたはどこから来《き》たんですか？
東京《とうきょう》から来《き》ました
もうすぐ主《しゅ》が来《こ》られることを知《し》らせに…
私《わたし》はその場《ば》で講義《こうぎ》を始《はじ》め
金《キム》さんという信心深《しんじんぶか》いおばあさんは
私《わたし》を神様《かみさま》から遣《つか》わされた
偉《えら》い伝道師《でんどうし》として迎《むか》え入《い》れてくれました
ボロ家《や》だけど今日《きょう》から泊《と》まっておくれ
ありがとう金《キム》おばあさん
神様《かみさま》は五日間《いつかかん》の苦労《くろう》の土台《どだい》の上《うえ》にこのクリスチャンのおばあさんに出会《であ》わせてくださった
天《てん》のお父様《とうさま》ありがとうございます

翌朝《よくあさ》
おばあさん
廃品回収《はいひんかいしゅう》に行《い》ってきます
ええっ!?
待《ま》っておくれ
あなたにそんなことさせたら
私《わたし》は天罰《てんばつ》を受《う》けるよ
ほら!これを献金《けんきん》するから
仕事《しごと》に行《い》かずに伝道《でんどう》しておくれ
…!
¥13,480
¥13,780
¥13,980
¥14,080
¥14,180
¥14,380
¥14,580
¥14,480
¥14,680
¥14,780
¥14,880
¥15,080
……ありがとう
大事《だいじ》に使《つか》います
郵便貯金通帳
うん
うん

これで本格的《ほんかくてき》に伝道《でんどう》ができる!!
YMCA
聖書研究会《せいしょけんきゅうかい》をやるので四十日間《にちかん》会場《かいじょう》を貸《か》してください
一万《まん》二千円《せんえん》になります
マイクも買《か》った!
西川先生《にしかわせんせい》に送《おく》ってもらったパンフレットもポケットに!
よし!!
伝道開始《でんどうかいし》!!
ご通行中《つうこうちゅう》の名古屋市民《なごやしみん》の皆《みな》さま!
天来《てんらい》の声《こえ》に耳《みみ》を傾《かたむ》けてください
地上天国《ちじょうてんごく》が近《ちか》づいてまいりました
朝《あさ》八時《じ》から十時《じ》までは駅《えき》で路傍伝道《ろぼうでんどう》
そして十時《じ》から午後《ごご》五時《じ》までは*18 YMCA《ワイエムシーエー》でもらった名簿《めいぼ》をもとに教会《きょうかい》を訪問《ほうもん》
一軒《けん》一軒《けん》遠《とお》い…
異端《いたん》だ!!

バタン
あ…待《ま》って!!
くっ…
天《てん》のお父様《とうさま》
二軒目《けんめ》も
サタンめ!!
きゃっ!!
!!
天《てん》のお父様《とうさま》!!
三軒目《けんめ》も
出《で》てけっ!!
あっ
二度《にど》と来《く》るな!!
私《わたし》の語《かた》り方《かた》が悪《わる》かったから
彼《かれ》らは理解《りかい》できなかったのです
お父様《とうさま》…彼《かれ》らを…
お許《ゆる》しください

はあっ…
暑《あつ》い…
おなかがすいて
フラフラ…
やすいよ～
やすいよ～
まくわうりが
一山《ひとやま》三十円《えん》!!
どうだい
奥《おく》さん！
私《わたし》の大好物《だいこうぶつ》!!
これなら
おなかいっぱいに…
ごくっ
はっ
一日《にち》一食《しょく》で
やってみよう！
神様《かみさま》と
約束《やくそく》していた
ぎゅううううっ
サタンよ
去《さ》れっ!!

再《ふたた》び五時《じ》から
六時《じ》までは駅《えき》で
路傍伝道《ろぼうでんどう》
ご通行中《つうこうちゅう》の
……
…!
おなかが
すいて声《こえ》が…
ごくごく
ごく
ごく
ごく
ごく
よしっ!!
ご通行中《つうこうちゅう》の
皆《みな》さま!!
二千年前《せんねんまえ》のイエス様《さま》の声《こえ》が
再《ふた》び聞《き》こえてきました
神の天宙創造理想を実現する事である
名古屋統一教会
やがて一日《いちにち》の
歩《あゆ》みを終《お》え…
ぶら
ぶら
食堂
どんぶり
ごはんと
おみそ汁《しる》
ください
はい
ああ
なんて
おいしい
んだろう
ばく
ばく
ごくっ
ごくっ
ばくっ
ごちそう
さま
食堂

うああああっ
あああぁ
ああああーっ
天《てん》のお父様《とうさま》
彼《かれ》らをお許《ゆる》し
ください!!
私《わたし》が
なぐられたり
けられたり
サタン呼《よ》ばわり
されるのは
いいのです
どうか彼《かれ》らに
このみ言《ことば》が早《はや》く
伝《つた》わりますように
明日《あす》こそは
実《み》を結《むす》ぶことが
できますように

ばしゃ
ばしゃ
ただいまー
おかえり！すいか冷《ひ》えてるよ
一日《いちにち》の出来事《できごと》を話《はな》し
二人《ふたり》でお祈《いの》りをして
明日《あす》こそいい人《ひと》と…
原理講義《げんりこうぎ》をして
寝《ね》るのはいつも一時過《じす》ぎでした
十日後《とおかご》——
西川先生《にしかわせんせい》が巡回《じゅんかい》に
松本《まつもと》さん
西川先生《にしかわせんせい》!!
元気《げんき》そうですね
は…はいっ
まだ伝道《でんどう》が進《すす》んでないのにな…

そのまま先生《せんせい》を名古屋城《なごやじょう》に案内《あんない》し
一緒《いっしょ》に食事《しょくじ》をし
次《つぎ》はどこを案内《あんない》しましょう
松本《まつもと》さん
どこに泊《と》まっているの？
かあ〜っ
金《キム》のおばあさんのところに…
そこは先生《せんせい》が入《はい》ったら頭《あたま》がつかえてしまうような所《ところ》なんです
私《わたし》をそこへ連《つ》れて行《い》ってください
は…い
先生《せんせい》どうぞ…
あー泣《な》きたい…

素晴《すば》らしい!!
ここは神《かみ》の娘《むすめ》が住《す》む場所《ばしょ》だ
天国《てんごく》ですよ
…!!
さあ先生《せんせい》!
今日《きょう》はごちそうしますよ
そして一晩中《ひとばんじゅう》
神様《かみさま》の話《はなし》をして過《す》ごし
必《かなら》ずできるがんばりなさい
はい!!
食《た》べるよりも
眠《ねむ》るよりも
神様《かみさま》の予定《よてい》した人《ひと》を探《さが》すことが先《さき》!!
どんなに迫害《はくがい》されても
迫害《はくがい》する人《ひと》のために祈《いの》りながら
神様《かみさま》を求《もと》めている人《ひと》を探《さが》して歩《ある》きました

第四章　註　（ ）内はページ数

＊16　開拓伝道　一九六一年六月から七月にかけて、日本統一教会で最初の開拓伝道が行われました。主要都市とその担当者は以下のとおりです。大阪市＝増田勝、名古屋市＝松本道子、京都市＝小河原節子・岩井裕子、広島市＝澤浦秀夫、仙台市＝春日千鶴子、東京都＝阿部トミ子。(68)

＊17　「一粒の麦が地に落ちて…」　ヨハネによる福音書一二章二四節。(68)

＊18　ＹＭＣＡ　キリスト教青年会。(84)

伝道に出発する松本道子さん
(1961年、名古屋城で)

第五章
悲しいイエス様

あっ!!
カツン
ズサッ
いたっ
あ〜あ
使用前《しようぜん》
ペラ
ペラ
よく歩《ある》いたもんなあ
名古屋《なごや》で行《い》かなかった教会《きょうかい》はない
まずクリスチャンに統一原理《とういつげんり》を伝《つた》えたかった
でもすべての教会《きょうかい》が反対《はんたい》し私《わたし》を非難《ひなん》した
どうぞ来《き》てください
すべてを知って信ずる時が来た!
科学的 論理的 実証的理論に耳を傾むけよ。
聖書研究会開催
YMCA全館
あのう…
はい?
ここには行《い》けないので私《わたし》の家《いえ》でお話《はなし》を聞《き》かせてくれませんか
もちろんです!
やっと出会《であ》えた!!

彼女《かのじょ》の家《いえ》は山《やま》の中腹《ちゅうふく》にある別荘《べっそう》のような家《いえ》…
往復《おうふく》三時間《じかん》だ
全身全霊《ぜんしんぜんれい》を込《こ》め
彼女《かのじょ》のために夜通《よどお》し祈《いの》り…
尽《つ》くし…
愛《あい》し…
精魂《せいこん》を傾《かたむ》けて講義《こうぎ》しました
父《ちち》よ!! 願《ねが》わくはこの杯《さかずき》を過《す》ぎさらせてください
み旨《むね》を果《は》たせずに十字架《じゅうじか》の道《みち》を行《い》かなければならない…

ああ！
私《わたし》は
この人《ひと》のために名古屋《なごや》に来《き》たんだ!!
ピンポーン
講義《こうぎ》もあと半分《はんぶん》！
がんばろう
カチャ
あっ？
あのう…
お嬢《じょう》さんさんは？
娘《むすめ》は今朝《けさ》旅《たび》に出《で》ました
た…旅《たび》？
これ以上《いじょう》あなたの講義《こうぎ》は聴《き》かないと言《い》っていました
明日《あす》から来《こ》なくてけっこうです
そんな!!
少《すく》ないけど今《いま》までのお礼《れい》です

バタン
あ…！
!!
…お礼《れい》
いやああああ〜っ
私《わたし》はお金《かね》をもらうために来《き》たんじゃありません
イエス様《さま》の救《すく》いを伝《つた》えるために来《き》たんです！
あああ
バーン
うあああああっ〜

あああっ
イエス様《さま》の心情《しんじょう》を思《おも》って泣《な》いた人《ひと》が
どうしてイエス様《さま》を裏切《うらぎ》るの?
イエス様《さま》!!
イエス様《さま》!!
やっと一人《ひとり》の人《ひと》を見《み》つけたと思《おも》ったのに
…

こんな悲《かな》しさに
耐《た》えられない
神様《かみさま》
私《わたし》はもうクリスチャン伝道《でんどう》
をしたくありません
ああ…
一人《ひとり》の人《ひと》に裏切《うらぎ》られた
だけでこんなに悲《かな》しいのに
六千年間裏切《ろくせんねんかんうらぎ》られ続《つづ》け
しかもそれを耐《た》えて
こられた神様《かみさま》の心情《しんじょう》は
どんなに悲《かな》しかったことか!!
そしてイエス様《さま》!
イスラエル民族《みんぞく》を愛《あい》し
弟子《でし》たちを愛《あい》し
み言《ことば》を伝《つた》えるため
炎天下《えんてんか》を歩《ある》き続《つづ》け
水《みず》が飲《の》みたくても
おなかがすいても
伝道《でんどう》したイエス様《さま》!!

それなのに
イスラエル民族《みんぞく》が
裏切《うらぎ》り
最後《さいご》には弟子《でし》たちに
まで…
惨《みじ》めなイエス様《さま》…
かわいそうな…
ああ！
神様《かみさま》！
イエス様《さま》!!
悲《かな》しかったでしょう
ううう っ…
ううっ…
……

私《わたし》はあなたを
お姉《ねえ》さんと呼《よ》びたい
あなたは私《わたし》より
大《おお》いなる業《わざ》を
するのです
…
すっ
…あ!
イエス様《さま》!!

路傍伝道《ろぼうでんどう》の時間《じかん》だ
力《ちから》が出《で》ない…
でも行《い》かねば…
ふらっ
とぼとぼ…
名古屋市民の皆さま！
天国《てんごく》は架空《かくう》のものではありません!!
みんな…
地上天国は現実に…
くすくす
なーにあの人《ひと》
みんな聞《き》こえないんだ
神様《かみさま》の…
神様《かみさま》の呼《よ》んでいる声《こえ》が…！

すでに三十日《にち》過《す》ぎた
天《てん》の前《まえ》に立《た》つ人《ひと》がいない
大阪《おおさか》ではいい人《ひと》が伝道《でんどう》されて西川先生《にしかわせんせい》が呼《よ》ばれて行《い》った
西川先生《にしかわせんせい》
岩井裕子《いわいゆうこ》
なのに私《わたし》は…!
四十日間《にちかん》このようにむなしく過《す》ごすのか?
私《わたし》は罪深《つみぶか》い人間《にんげん》だから伝道《でんどう》できないのか?
お父様《とうさま》どうしたらいいんですか!
お父様《とうさま》!!
…!

クリスチャンにこだわるのはやめた!!
名古屋《なごや》のすべての人《ひと》を伝道《でんどう》しよう
行《い》ってきまーす
かたっぱしから訪問《ほうもん》して
神様《かみさま》を信《しん》じなければいけません
パンフレットをくばり
それで四十日間《にちかん》終《お》わろう
聞《き》きに来《き》てください
YMCA
さあーさあー お立会い
あっちは人《ひと》だかり
ご用とお急ぎでない方は
じゃあこっちでやろう
善良《ぜんりょう》なる名古屋市民《なごやしみん》の皆《みな》さん!!
天来《てんらい》の声《こえ》に耳《みみ》を傾《かたむ》けてください

現代《げんだい》はボタン戦争《せんそう》が起《お》こる時《とき》です
なんだ?
なんだ?
神様《かみさま》を知《し》らないで死《し》んだら
地獄《じごく》に行《い》きます
神様《かみさま》を信《しん》じなければなりません
わら
わら
私《わたし》は啓示《けいじ》を受《う》けて来《き》ました
詳《くわ》しく聞《き》きたければ
YMCA《ワイエムシーエー》に来《き》てください
あ…!!
ぬっ
このアマ
商売《しょうばい》のじゃましやがって!!

この*19ヤソめ!!
すべてを知って信ずる時が来た!
聖書研究会主催
YMCA会館
あっ!!
ドサッ
うっ!
ちょっと!!なんでなぐるのよ!
そうだそうだ!!
私《わたし》は彼女《かのじょ》の話《はなし》を聞《き》きたいのよ!
大丈夫《だいじょうぶ》?
感心《かんしん》ねえ
それはまさに
次《つぎ》の運命《うんめい》を教《おし》える象徴的《しょうちょうてき》な出来事《できごと》でした

へえー
あなたは感心《かんしん》ねえ
私《わたし》は能《のう》なしのクリスチャンで神様《かみさま》イエス様《さま》に申《もう》し訳《わけ》ないと思《おも》っているんですよ
クリスチャンですか？
どうか聖書講義《せいしょこうぎ》を統一原理《とういつげんり》を聴《き》いてください
私《わたし》は忙《いそが》しくて聴《き》けませんが
必《かなら》ず聴《き》いてくれるお友達《ともだち》を紹介《しょうかい》するわ
本当《ほんとう》ですか？
紹介状《しょうかいじょう》をもらった
春堂様
朝《あさ》五時《じ》に出《で》て一日中《いちにちじゅう》探《さが》し歩《ある》いて
着《つ》いたのは夕方《ゆうがた》五時《じ》ごろ
きっとあれだ…

春堂
…
分《わ》かりました
春堂
あなたの講義《こうぎ》は聴《き》きますが信者《しんじゃ》にはならないわよ
けっこうです聴《き》くだけで
それなら友達《ともだち》を集《あつ》めますから
朝《あさ》九時《じ》に来《き》てください
はいっ!!
よかったねー松本《まつもと》さん!!
ええ金《キム》おばあさん
四十日《にち》の最後《さいご》に与《あた》えられたチャンスだ!!

どんな講義《こうぎ》をしよう
やっぱりクリスチャンには「メシヤの降臨《こうりん》とその再臨《さいりん》の目的《もくてき》」を語《かた》りたい
天《てん》のお父様《とうさま》明日《あす》三人《にん》のクリスチャンに講義《こうぎ》をします
イエス様《さま》の十字架《じゅうじか》問題《もんだい》とその悲《かな》しい心情《しんじょう》を訴《うった》えたいと思《おも》いながら
どうぞ私《わたし》の唇《くちびる》を清《きよ》めてあなた自《みずか》ら語《かた》ってください
祈《いの》りすぎて
唇《くちびる》の皮《かわ》がむけちゃった
出発《しゅっぱつ》!!
守山

第五章　註　（　）内はページ数

＊19　ヤソ　キリスト教徒を侮辱して言う言葉。（106）

路傍伝道する松本道子さん
（1961年、名古屋市で）

第六章
サタンの首、落ちたり

春堂家
待《ま》ちに待《ま》ったこの日《ひ》!!
天《てん》のお父様《とうさま》よろしくお願《ねが》いします
イエス
ヤコブ
2000年
イエス様《さま》は自分《じぶん》のために祈《いの》られたのではありません
もし私《わたし》がここで死《し》んだら
人類《じんるい》の救《すく》いが再臨《さいりん》の時《とき》まで延長《えんちょう》されてしまう
今日《こんにち》まで苦労《くろう》を重《かさ》ねてこられた神様《かみさま》は
どんなに無念《むねん》なことでしょうか!!

しかし
十字架《じゅうじか》がみ意《こころ》で
あるなら
私《わたし》は喜《よろこ》んで
その道《みち》を
行《い》きましょう
私《わたし》は生《う》まれた
ときから
あなたのもの
なのですから
どうか
み意《こころ》のままに
なさってください!
イスラエルの民《たみ》は
神様《かみさま》から遣《つか》わされた
メシヤと知《し》らず
イエス様《さま》を
十字架《じゅうじか》にかけて
しまいました
こうして人間《にんげん》は
神様《かみさま》を裏切《うらぎ》り…
四千年間《せんねんかん》
待《ま》ち続《つづ》けて
こられた神様《かみさま》の
愛《あい》は地上《ちじょう》に…
花《はな》を咲《さ》かせる
ことはなかった
のです

シ・・・ン
・・・
十字架にかかる♪
イエスを見よや〜
ち〜ちもたええず
うううっ
かおをそむければ〜
お父様《とうさま》感謝《かんしゃ》します!!
三人共《にんとも》私《わたし》の話《はなし》に共鳴《きょうめい》してくれています
どうぞ次《つぎ》の堕落論《だらくろん》で彼女《かのじょ》たちの心《こころ》に問題意識《もんだいいしき》を持《も》たせてください
堕落論
「罪とは何か」
生命の木

エデンの園《その》でエバは食《た》べてはならない善悪《ぜんあく》を知《し》る木《き》の実を
食《た》べてしまったために原罪《げんざい》が生《う》まれ
本来神《ほんらいかみ》の子として創造《そうぞう》された人間《にんげん》は
サタンの子《こ》になってしまいました
ねたみ、しっと憎《にく》しみ
自己中心《じこちゅうしん》…
頭《あたま》にくる
強情《ごうじょう》、傲慢《ごうまん》
うそをつく
それらは人間《にんげん》の心《こころ》の中《なか》に堕落性本性《だらくせいほんせい》があるからです
それこそサタンから受《う》け継《つ》いだ性質《せいしつ》
堕落《だらく》の結果《けっか》によるものです

原罪《げんざい》がもたらされるようになったのは
天使長《てんしちょう》と人間《にんげん》が
淫行《いんこう》を行《おこな》ってしまったからです
淫行
うそです!!
!!
どの聖書《せいしょ》のどこに原罪《げんざい》が淫行《いんこう》だと書《か》いてあるんですか?
ああ!! なんでここで水《みず》を差《さ》すの!!

私《わたし》は十年間《ねんかん》
クリスチャンとして
信仰《しんこう》してきました
淫行《いんこう》なんて
とんでもない!!
異端《いたん》です!!
あなたは途中《とちゅう》から
入《はい》ってきたじゃ
ないですか!?
初《はじ》めから
聴《き》かないで
間違《まちが》っているとは
言《い》えないでしょう
なんですって!?
じゃあ最初《さいしょ》から聴《き》こう
じゃありませんか
ちょっと
*20竹内《たけうち》さん
松本《まつもと》さん
私《わたし》たちは
もう聴《き》いた
ので
外《ほか》でやって
くださいな
いいですわ
じゃあ
私《わたし》の
友人《ゆうじん》の家《いえ》で
聴《き》きましょう
ええ!

翌日《よくじつ》
大野《おおの》家《け》
ズラーッ
八人《にん》
大勢《おおぜい》の人《ひと》が…
天《てん》のお父様《とうさま》
どうか最後《さいご》まで聴《き》いてもらえますように
ドキドキ
創造原理
神と人間
親と子
人間《にんげん》は誰《だれ》しもこの広大《こうだい》な世界《せかい》に
なぜ生《う》まれてきたのか悩《なや》みます

つくられた結果的存在《けっかてきそんざい》でありながら
原因《げんいん》について考《かんが》えられるのは人間《にんげん》だけです
神様《かみさま》と人間《にんげん》はよく似《に》ています
なぜならば親子《おやこ》だからです！
…！
それゆえに創造性《そうぞうせい》という
最高《さいこう》のものを与《あた》えられているのです

人間《にんげん》は神様《かみさま》の子《こ》として生《う》まれたのに
自己中心《じこちゅうしん》に考《かんが》えて
偽《いつわ》りの愛《あい》によって堕落《だらく》したためにサタンの子《こ》になってしまいました
堕落論
原罪
人間始祖が犯した罪
そして私《わたし》たちは地上天国《ちじょうてんごく》ではなく
互《たが》いに傷《きず》つけ合《あ》う地上地獄《ちじょうじごく》をつくるようになってしまったのです
善《ぜん》と悪《あく》が交差《こうさ》する時代《じだい》
終末論
三大祝福が復帰される時
生育せよ－個性完成
うみふやせよ－子女繁殖
全てを治めよ－万物主管
それが終末《しゅうまつ》なのです

現代《げんだい》は悪《あく》が善《ぜん》によって滅《ほろ》ぼされる時代《じだい》
まさに終末《しゅうまつ》なのです
メシヤ論
メシヤとして降臨された
イエスの目的
堕落人間の完全な救い
イエス様《さま》の本当《ほんとう》の願《ねが》いは
今日《こんにち》まで二千年間《せんねんかん》明《あ》かされることはありませんでした
イエス様《さま》の本当《ほんとう》の願《ねが》いは
神様《かみさま》が共《とも》に住《す》むことができる天国《てんごく》を
この地上《ちじょう》に建設《けんせつ》することだったのです!!

ああ…!!
舌《した》が腫《は》れて
よく回《まわ》らなく
なってきた…
その分全身《ぶんぜんしん》で
表現《ひょうげん》しよう!
ぎゅっ
復活論
生命体 イエス
生霊体 再臨主
こうして
すべての宗教《しゅうきょう》が
神様《かみさま》を中心《ちゅうしん》と
して
一《ひと》つになる日《ひ》が
必《かなら》ず来《く》るの
です
その時《とき》まで
それぞれの民族性《みんぞくせい》と
時代性《じだいせい》に応《おう》じた
数々《かずかず》の宗教《しゅうきょう》を
立《た》てたのは…
それは…

すべての人類《じんるい》に
救《すく》われる道《みち》を
提供《ていきょう》するため
だったのです
ふらっ
全《まった》く眠《ねむ》く
ないけど…
貧血《ひんけつ》で
倒《たお》れそう
今日《きょう》で開拓《かいたく》を
始《はじ》めて四十日目《にちめ》だ
夜中《よなか》の
一時《じ》
!!
人《ひと》も増《ふ》えて
十三人《にん》
あと一日《にち》か二日《ふつか》
したら東京《とうきょう》に
帰《かえ》らなければ…
皆《みな》さん!!

どうかこの続《つづ》きを明日《あす》も聴《き》いてください
私《わたし》はもうすぐ東京《とうきょう》へ帰《かえ》らなければなりません
分《わ》かりました
ぜひ聴《き》かせてください
ありがとうございます
翌日《よくじつ》 松本静永《まつもとしずえ》宅《たく》
再臨
見る眼
聞く耳
さとる心を
もつ以外に
再臨主をお迎えする
すべはない！
終末《しゅうまつ》には太陽《たいよう》と月《つき》が光《ひかり》を失《うしな》い
天変地異《てんぺんちい》が起《お》こると言《い》われています

この宇宙《うちゅう》が滅《ほろ》びるというわけではありません
神様《かみさま》がつくられたものの中《なか》で
人間以外《にんげんいがい》は堕落《だらく》していません
どうして全能《ぜんのう》の神様《かみさま》が創造本然《そうぞうほんぜん》の姿《すがた》をしている森羅万象《しんらばんしょう》を
滅《ほろ》ぼす必要《ひつよう》があるでしょうか
そういう意味《いみ》では
ないのです
終末《しゅうまつ》は歴史的《れきしてき》に見《み》ると
善悪《ぜんあく》の交差点《こうさてん》です
科学文明《かがくぶんめい》も進《すす》み
民主主義《みんしゅしゅぎ》も発展《はってん》し

再臨《さいりん》の準備《じゅんび》はすべてにおいて整《ととの》っているのです
!!
あとは再臨主《さいりんしゅ》をお迎《むか》えして
悪《あく》を滅《ほろ》ぼし…
一人一人《ひとりひとり》が神様《かみさま》の子供《こども》として
生《う》まれ変《か》わることだけで

天国《てんごく》の建設《けんせつ》が始《はじ》まるのです！
！！
この地上《ちじょう》につくられるのです！！
あこがれの地上天国《ちじょうてんごく》が
決《けっ》して架空《かくう》ではなく…現実《げんじつ》に

ああ…!!
ハレルヤ
松本先生《まつもとせんせい》!
ハレルヤ
ハレルヤ
ホザナ
どうぞ行《い》かないで
私《わたし》たちを指導《しどう》してください
皆《みな》さん…

あのー 松本先生《まつもとせんせい》
私《わたし》の開業前《かいぎょうまえ》の幼稚園《ようちえん》を教会《きょうかい》として献納《けんのう》しますわ
本当《ほんとう》ですか？
松本《まつもと》さん
金《キム》おばあさん
娘《むすめ》からもらったんだ
献金《けんきん》するよ
はい *21 五万円《まんえん》!!
そんなに!?
ああ…! 天《てん》のお父様《とうさま》
感謝《かんしゃ》します!

四十日間《にちかん》
さんざん
殴《なぐ》られ
けられて
食《た》べる物《もの》も
食《た》べず
汗《あせ》と涙《なみだ》で
訴《うった》え続《つづ》けた
その努力《どりょく》と
忍耐《にんたい》が
実《み》を結《むす》んだ!!
信仰《しんこう》と努力《どりょく》が
あれば必《かなら》ずできます
西川先生《にしかわせんせい》の
言葉《ことば》を守《まも》り
殉教《じゅんきょう》の精神《せいしん》を
もって
バカにされても
水《みず》をかけられても
血《ち》を流《なが》すことが
あっても

一分一秒《いっぷんいちびょう》の休《やす》みもなく
涙《なみだ》で祈《いの》り
汗《あせ》を流《なが》して
名古屋《なごや》の人々《ひとびと》に語《かた》り続《つづ》けてきた日々《ひび》!!
その根性《こんじょう》を見《み》て神様《かみさま》は
予定《よてい》した十三人《にん》に会《あ》わせてくださった!!
立派《りっぱ》な教会《きょうかい》と献金《けんきん》まで与《あた》えてくださった
央郵便局
ナコヤノ サタンノ クヒ オチタリ…
首《くび》が落《お》ちたって…? この電文《でんぶん》何《なに》かの間違《まちが》いでは?
いいえ!!

まちがいじゃ ありません
そのまま 打《う》ってください
電報
トウケウト
ニシカワマサル殿
ショウリショウリ
ナゴヤノサタンノクビ
オチタリ
勝利《しょうり》!勝利《しょうり》!
名古屋《なごや》のサタンの首《くび》
落《お》ちたり!!
松本《まつもと》さん!!
ゴロゴロ
ピカーッ
バシャ
バシャ
松本《まつもと》さん!!
西川先生《にしかわせんせい》!!
やりましたね!!
はい!

ゴロゴロ
アハハハ
ウフフフ
小牧《こまき》さんのひやむぎおいしいー
フフ・・・
くかっー
神様《かみさま》はできるようにしてくださる
やればできる!
悲観的《ひかんてき》な心《こころ》
悲壮《ひそう》な心《こころ》は
全部《ぜんぶ》だめですね

神様《かみさま》はできない
ことを
命令《めいれい》される
のではない
できるから
できる可能性《かのうせい》が
あるから
信《しん》じて
行《おこな》えば
できるんだと

そのように
私《わたし》は
いつも思《おも》いました
世界基督教聯
名古屋教

第六章　註　（　）内はページ数

＊20　竹内さん　竹内みつゑさん。一九七二年、長谷川晃さんと祝福結婚。(117)

＊21　五万円　一九六〇年の大卒初任給が一万二千百九十円であることを考えると、五万円がいかに高額であったかが分かります。(129)

1961年9月、名古屋教会を設立。中央が松本道子さん、右端が金おばあさん

第七章
神様、私は負けません

次《つぎ》の伝道《でんどう》の地《ち》、大阪《おおさか》――
教会《きょうかい》は鴫野《しぎの》という町《まち》の
長屋《ながや》の二階《かい》にありました
つくられし～
この～地に～
うるさーいっ!!
やめろっ!!
しっー
一階《かい》のおじいさんよ
小《ちい》さな声《こえ》でね
ぼそぼそ
ある朝《あさ》
伝道《でんどう》に行《い》ってきまーす
トントントン
松本《まつもと》!!
今《いま》すぐ出《で》てくれ引《ひ》っ越《こ》せ!
ええっ!? そんな…

せめて一か月《げつ》待《ま》ってくれませんか?
だめだすぐ出《で》ろ!!
でも十二月《がつ》の寒《さむ》い季節《きせつ》にすぐ出《で》ろと言《い》われても…
ごちゃごちゃ言《い》うな!!
バカヤロー!!
…!
ふらふら
神様《かみさま》のことで論争《ろんそう》して殴《なぐ》られるならがまんできるけど
神様《かみさま》を知《し》らない無知《むち》な男《おとこ》に出《で》て行《い》けと殴《なぐ》られたと思《おも》うと…!

ああ無念だ…
悲しい…
悲しい、
無念だ
我が娘よ
無念だ…
我が娘よ…
神様《かみさま》が
泣《な》いている
お父様《とうさま》
泣《な》かないでください
大丈夫《だいじょうぶ》です
過去《かこ》に多《おお》くの
殉教者《じゅんきょうしゃ》がいる
ではありませんか
十字架《じゅうじか》に
かかったではありませんか
このくらい殴《なぐ》られたって
痛《いた》くありません

こいつめ!!
ボカッ
きゃっ
……
はあはあ
はあはあ
はあ はあ
はあ はあ
うっ!!
く…っ
はあはあ
おじいさん?
はあ
大丈夫《だいじょうぶ》ですか 部屋《へや》へ…
う…う

おじいさん
はいお水《みず》
今日中《きょうじゅう》に
出《で》て行《い》きますから
がまんしてください
気《き》を静《しず》めて
ください
…… ……
はっ…
…！
まるで乞食《こじき》!!
惨《みじ》めだ…！
私《わたし》の運命《うんめい》は
どうしてこうも
惨《みじ》めなのだろう
どうしてこんなに
殴《なぐ》られなくちゃ
いけないの

食《た》べる物《もの》も食《た》べられない
着《き》る物《もの》も着《き》られない
こんな惨《みじ》めなかっこうして伝道《でんどう》なんかできない
笑顔《えがお》で話《はなし》ができない
神《かみ》の日《ひ》が来《く》ると言《い》って希望《きぼう》を与《あた》えることもできない
…惨《みじ》めだ!!
どこかへ行《い》って一日中《いちにちじゅう》泣《な》いていたい!!
ぴたっ
これはサタンの声《こえ》だ!!
お父様《とうさま》、泣《な》かないでください、大丈夫《だいじょうぶ》です
さっき言《い》ったくせに

サタンよ退《しりぞ》け!!
どこかへ行《い》って泣《な》きたいなんてもってのほかだ
そして廃品回収《はいひんかいしゅう》三時間《じかん》
夕方《ゆうがた》は路傍伝道《ろぼうでんどう》
大学《だいがく》での伝道《でんどう》
サタンの声《こえ》に負《ま》けるか！
お父様《とうさま》心配《しんぱい》しないでください
夜《よる》はキリスト教会《きょうかい》の集会《しゅうかい》へ参加《さんか》
その日《ひ》は特《とく》に一生懸命《いっしょうけんめい》働《はたら》きました
天《てん》のお父様《とうさま》私《わたし》は負《ま》けませんでした
あしたもあさっても負《ま》けないでしょう
明日《あす》もおじいさんが私《わたし》を殴《なぐ》ってもくじけません
他《ほか》の家《いえ》を探《さが》しながら一生懸命《いっしょうけんめい》やります安心《あんしん》してください

翌朝《よくあさ》
松本さん
松本さーん
トン
トン
また
おじいさんだ
困《こま》ったな
松本《まつもと》さん!!
昨日《きのう》は本当《ほんとう》に
すまなかった
年《とし》がいもなく
あんなことをして
神様《かみさま》の仕事《しごと》を
しているあんたを
殴《なぐ》ったりして
かんにん
しておくれ
かんにん…
その一週間後《しゅうかんご》に
家《いえ》が見《み》つかり
引《ひ》っ越《こ》し
おじいさんが
松本《まつもと》さんのような
人格者《じんかくしゃ》は見《み》たこと
ないですって
私《わたし》は、このようにして
試練《しれん》を克服《こくふく》して
いきました

大阪《おおさか》で私《わたし》が大切《たいせつ》にしていた活動《かつどう》の一《ひと》つにクリスチャンセンターでの祈祷会《きとうかい》がありました
いじめられて泣《な》きながら帰《かえ》ることもたびたびありましたが
必《かなら》ずクリスチャンにみ言《ことば》を伝《つた》えてみせると信念《しんねん》を持《も》って
忍耐《にんたい》して通《かよ》い続《つづ》けました
その中《なか》から次第《しだい》に私《わたし》の話《はなし》に興味《きょうみ》を持《も》ち耳《みみ》を傾《かた》ける人《ひと》が出《で》てきました
聖書
そうしたある日《ひ》祈祷会《きとうかい》の帰《かえ》り
松本《まつもと》待《ま》て!!

ダダダダッ
!!
ザザッ
ぼ…
牧師《ぼくし》先生《せんせい》たち…？
ああ…!!
天《てん》のお父様《とうさま》!!
助《たす》けてください!!
ガクガク
松本《まつもと》!!
お前《まえ》たちは
朝鮮人《ちょうせんじん》のどん百姓《びゃくしょう》
文鮮明《ぶんせんめい》を再臨《さいりん》のメシヤと
信《しん》じているらしいじゃないか

カッ!!
文先生《ぶんせんせい》は
イエス様《さま》の愛《あい》を実践《じっせん》しておられる方《かた》です
私《わたし》たちは文先生《ぶんせんせい》をキリスト教会《きょうかい》の使命《しめい》を実現《じつげん》する世界《せかい》でナンバーワンの指導者《しどうしゃ》だと思《おも》っています
聖書《せいしょ》に、*22ナザレから何《なん》のよき者《もの》がいずるかとあります
イエス様《さま》が育《そだ》ったナザレという町《まち》は東京《とうきょう》の山谷《さんや》のような貧困《ひんこん》の町《まち》でした
そこのどん大工《だいく》の息子《むすこ》をあなたはメシヤと信《しん》じているじゃありませんか
朝鮮人《ちょうせんじん》だどん百姓《びゃくしょう》だと言《い》って人《ひと》を差別《さべつ》するなんて
牧師《ぼくし》にあるまじきことです

この羊《ひつじ》ドロボー！お前《まえ》は人非人《にんぴにん》だ！
私《わたし》はあなたの羊《ひつじ》を盗《むす》んではいません
羊《ひつじ》を盗《むす》んだのは神様《かみさま》です
あなた方《がた》は羊《ひつじ》をあずかる牧者《ぼくしゃ》なのに羊《ひつじ》に何《なん》の霊的《れいてき》な糧《かて》も与《あた》えず
ひもじい思《おも》いをさせていたではありませんか
苦《くる》しんでいる羊《ひつじ》が神様《かみさま》の言葉《ことば》によって喜《よろこ》びを与《あた》えられ
力《ちから》を得《え》て私《わたし》について来《き》たのです
この気違《きちが》い女《おんな》!!
クリスチャンの恥《はじ》さらしだ
毎日駅前《まいにちえきまえ》で世界基督教《せかいキリストきょう》統一神霊協会《とういつしんれいきょうかい》なんていう看板《かんばん》を持《も》って気違《きちが》いみたいに大声《おおごえ》で叫《さけ》んでいる

*23キリストのため世《よ》のために気《き》が狂《くる》わずば禍《わざわい》なるかな、とパウロは言《い》っています
私《わたし》は神様《かみさま》のためキリストのため日本《にっぽん》を救《すく》うために気《き》が狂《くる》っているのです
神様《かみさま》がやってほしいと言《い》っている声《こえ》が聞《き》こえてくるのです
あなた方《がた》はどうして気《き》が狂《くる》わないで冷静《れいせい》でいられるのですか?
あなた方《がた》は何《なに》もしないで
二千年《せんねん》の殉教者《じゅんきょうしゃ》の血《ち》の上《うえ》にあぐらをかいているではありませんか
ドン
あっ!!
隠《かく》れてそんなことをしなくてもいいでしょう
堂々《どうどう》と出《で》てきて殴《なぐ》ってください
私《わたし》は今日《きょう》、十字架《じゅうじか》にかかる用意《ようい》がありますから

あんた統一《とういつ》なんて言《い》っているが
キリスト教《きょう》の統一《とういつ》など人間《にんげん》にできるわけがないじゃないか
そうです！人間《にんげん》の力《ちから》でどうして統一《とういつ》できますか
私《わたし》は神様《かみさま》から統一《とういつ》しなさいという命令《めいれい》を受《う》けて努力《どりょく》しているのです
「*24からし種《だね》ほどの信仰《しんこう》があれば山動《やまうご》き海《うみ》に入《はい》る」とイエス様《さま》は言《い》われました
私《わたし》たちは神様《かみさま》がこの地上《ちじょう》のすべての宗教《しゅうきょう》と思想《しそう》を統一《とういつ》し、世界《せかい》を神様《かみさま》のもとに統一《とういつ》するのだという天《てん》の啓示《けいじ》を受《う》けたから、それを信《しん》じて進《すす》んでいるのです
人間《にんげん》の勝手《かって》な思《おも》いで歩《あゆ》んでいるのではありません
あなた方《がた》は長生《ながい》きして、統一《とういつ》できるかできないか見《み》ていてください
バッ
神様《かみさま》が共《とも》にいれば栄《さか》え、いなければ滅《ほろ》びるでしょう

ああ 分《わ》かった 分《わ》かったから他《ほか》で 神様《かみさま》を証《あか》しなさい
いいえ、神様《かみさま》が 私《わたし》に「クリスチャンセンターでラッパを吹《ふ》きなさい」と言《い》っているのです
吹《ふ》かなければ 私《わたし》に責任《せきにん》が あります
ばかにされても いじめられても あなた方《がた》に伝《つた》えたくて来《き》ているのです
神様《かみさま》の言《い》うことを聞《き》くべきか あなた方《がた》の言《い》うことを聞《き》くべきか 判断《はんだん》してください
分《わ》かった 分《わ》かった
…
あなたは イエス様《さま》を 愛《あい》しています
神様《かみさま》を 愛《あい》しています
あなたは私《わたし》を 怒《おこ》ったり侮辱《ぶじょく》したり していますが 本当《ほんとう》はそんな人《ひと》では ありません
背後《はいご》に潜《ひそ》むサタンが 言《い》っているのです

!!
まあまあ松本《まつもと》さん
忍耐《にんたい》してください
みんなけんかをしないでください
いいじゃありませんか
さあ松本《まつもと》さんジュースでも飲《の》んで…
は…はあ
ごくごく
ごくごく
ふう…
そうだ…ここでけんか別《わか》れしてしまったら
永遠《えいえん》に離《はな》れてしまう
それでは神様《かみさま》の願《ねが》いに反《はん》する

すっ
先生《せんせい》
握手《あくしゅ》しましょう
!
イエス様《さま》は敵《てき》をも愛《あい》しなさいと言《い》われました
私《わたし》たちは兄弟姉妹《きょうだいしまい》じゃありませんか
仲直《なかなお》りするのはイエス様《さま》が願《ねが》っていることです
がしっ
がし
がしっ
がし
がし
しゃか
しゃか
しゃか
しゃか

今朝《けさ》のけんかはなかったことにしましょう
ありがとうございました
バタン
…
ポタ
ポタ
天《てん》のお父様《とうさま》!!
ありがとうございました
♪

こうして私《わたし》は大阪《おおさか》でも
一心不乱《いっしんふらん》に歩《あゆ》みました
大阪《おおさか》では
*25周藤健《すどうけん》さんをはじめ
多《おお》くの優秀《ゆうしゅう》な青年《せいねん》が
伝道《でんどう》されました

一九六五年《ねん》二月二日《がつふつか》
大阪《おおさか》に文鮮明《ムンソンミョン》先生《せんせい》をお迎《むか》えし
激励《げきれい》の言葉《ことば》を頂《いただ》きました
「東京《とうきょう》は東《ひがし》のエデンを表《あらわ》し
名古屋《なごや》は名高《なだか》い古《ふる》い屋敷《やしき》を
表《あらわ》し
ここ大阪《おおさか》は大《おお》きな峠《とうげ》を
思《おも》わせます
ゆえに大阪《おおさか》の地《ち》は勝敗《しょうはい》を
決《けっ》する峠《とうげ》です」
この日《ひ》、夜《よる》十一時半《じはん》

食卓《しょくたく》に着《つ》かれた文先生《ムンせんせい》は
私《わたし》の手料理《てりょうり》をおいしそうに
召《め》し上《あ》がりました

二〇〇三年《ねん》十月《がつ》二十五日《にち》
私《わたし》は八十七歳《さい》で
天《てん》に召《め》されました
日本統一教会《にっぽんとういつきょうかい》の女性《じょせい》の
初穂《はつほ》として立《た》ち
生涯《しょうがい》
一伝道師《いちでんどうし》として
歩《あゆ》み切《き》った私《わたし》に対《たい》して
文先生《ムンせんせい》は
「祝入天國《しゅくにゅうてんごく》　忠心教母《ちゅうしんきょうぼ》」
の揮毫《きごう》を贈《おく》り
ねぎらってくださいました

完

第七章　註　（　）内はページ数

＊22　**ナザレから…**　ヨハネによる福音書一章四六節を参照。（148）

＊23　**キリストのため…**　コリント人への第二の手紙五章一三節、コリント人への第一の手紙九章一六節を参照。（150）

＊24　**からし種ほどの信仰…**　マタイによる福音書一七章二〇節を参照。（151）

＊25　**周藤健さん**　後に、統一原理の名講師として活躍。一九六九年に祝福結婚。（156）

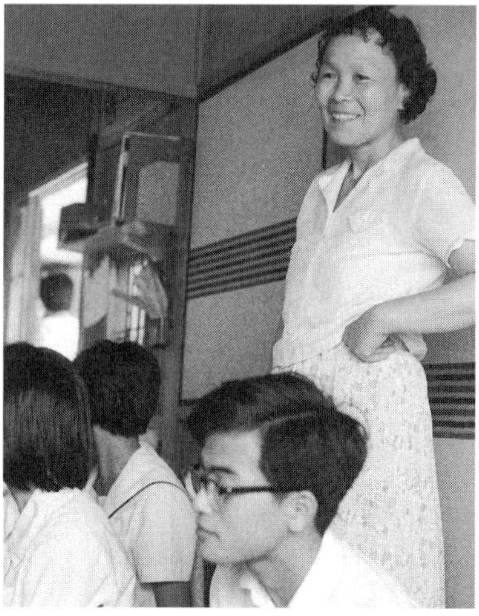

笑顔の松本道子さん
（1965年、大阪教会で）

あとがき

世界基督《キリスト》教統一神霊協会の歴史に燦然《さんぜん》と輝く女性伝道師、松本道子さん（一九一六〜二〇〇三）の物語は、いかがでしたか。

西川勝宣教師は、松本道子さんについて次のように述べています。

「信じられない時に信じ、天命には喜んで殉じ、ある物すべてを捧げ、できない困難、十字架の荊《いばら》の道を血と汗と涙で歩み続けた人である。私は彼女の師であり、真理は教えるが、信仰態度は彼女に常に無言で教えられる。彼女は、真理を喜ぶことは有頂天のごとく、熱心なることは狂信者のごとく、働くことは牛のごとくであった。一度やり出したことは中途に挫折することがなかった。なせば成るの信念を持ち続け、いつも成就して勝利者であった」

（『信仰は火と燃えて—松本ママ奮戦記』の「あとがき」から）

松本道子さんは終生、伝道への情熱を燃やし続けました。後輩たちの指導にも力を注ぎ、教会員からは「松本ママ」と呼ばれ、母のように慕われました。

日本の地には、日本をこよなく愛した松本ママの熱い汗と涙が染み込んでいます。松本ママの伝道への情熱が、このマンガを読んだあなたに受け継がれることを信じてやみません。

ふじかわ　あかり

ふじかわ あかり
東京都出身。漫画家、テレビアニメの原画家。過去には「別冊マーガレット」に作品が掲載されたことも。1990年、世界基督教統一神霊協会に入教。1992年に祝福結婚。三重県在住。

〈参考文献〉

『信仰は火と燃えて—松本ママ奮戦記—』（松本道子著）
『日本統一運動史』（1）
（世界基督教統一神霊協会　歴史編纂委員会編）
『日本統一教会 先駆者たちの証言』（1）
（世界基督教統一神霊協会　歴史編纂委員会編）

＊本書は、「中和新聞」2008年2月1日号～2009年7月号に連載された第一～六章に、第七章を加筆してまとめたものです。

マンガ　炎の伝道師　松本道子の奮戦記

2009年8月1日　初版発行

作画　ふじかわ あかり
発行　株式会社　光言社
〒150-0042　東京都渋谷区宇田川町37-18
電話　03-3467-3105
印刷　株式会社　ユニバーサル企画

ISBN978-4-87656-745-4 C0014

2010000054802